Jiddu Krishnamurti

Jenseits der Bilder und Wo

HERDER spektrum
Band 5321

Das Buch

Unser Leben beruht auf Beziehung, doch Beziehungen sind zerbrechliche Gebilde: im Idealfall von Freiheit getragen und auf Liebe gegründet, in der Realität aber oftmals voller Spannungen und Konflikte. Diese sind die Folge von unrealistischen Bildern und Erwartungen, von oberflächlicher Kommunikation und von Projektionen, die wir uns von anderen und von uns selbst machen. Daraus erwachsen Angst und Schmerz, Enttäuschung und Verwirrung. Doch durch die vielfältigen Beziehungen, die ein Mensch zu anderen Menschen und zur Welt hat, entwickelt sich eine Art von Beziehungsintelligenz. Dank ihrer können wir verstehen, warum viele Beziehungen so kompliziert sind und wir uns so oft in ihnen verstricken. Zwar sind Beziehungen ihrem Wesen nach immer unsicher, aber wer diese Unsicherheit und die damit verbundene Einsamkeit akzeptiert und aushält, erfährt auch, daß Beziehungen ein Weg, ja *der* Weg zur persönlichen Reife sind. In ihnen können wir wachsen und aufblühen. Dann ist es möglich, mit anderen zu leben, ohne von ihnen Besitz zu ergreifen oder abhängig zu sein. So heißt Menschsein, mit der Welt und mit den anderen verbunden zu sein, in Beziehung zu sein und zugleich auf dem Weg zur Freiheit zu sein. Eine schonungslose Analyse des Denkens, durch das Beziehungen korrumpiert werden, und ein eindringlicher Appell zu radikaler Selbsterkenntnis.

Der Autor

Jiddu Krishnamurti wurde 1895 in Indien geboren und mit dreizehn Jahren von der Theosophischen Gesellschaft aufgenommen und auf seine künftige Aufgabe als „Weltlehrer" vorbereitet. 1929 löste er sich von der Theosophischen Gesellschaft und wirkte bis zu seinem Tod 1986 weltweit in Reden, Seminaren und durch seine zahlreichen Schriften als spiritueller Lehrer. Bei Herder Spektrum: Liebe gleicht dem Duft der Rose (5039).

Jiddu Krishnamurti

Jenseits der Bilder und Worte

Beziehungen verstehen und verwandeln

Aus dem Englischen
von Anne Ruth Frank-Strauss

HERDER
FREIBURG · BASEL · WIEN

Titel der Originalausgabe: On Relationship

Informationen über Brockwood Park School, das Krishnamurti Study Centre und weitere Veröffentlichungen können unter folgender Adresse angefordert werden: Krishnamurti Foundation Trust Ltd., Brockwood Park, Bramdean, Hants SO24 0LQ, England.

Gedruckt auf umweltfreundlichem,
chlorfrei gebleichtem Papier

Deutsche Erstausgabe

www.herder.de
Herstellung: fgb · freiburger graphische betriebe 2003
www.fgb.de
Umschlaggestaltung und Konzeption:
R M E München / Roland Eschlbeck, Liana Tuchel
Umschlagmotiv: Georg Schrimpf: Auf der Treppe. 1924/2 (Ausschnitt)

Autorenfoto: Foto von Mark Edwards

ISBN 3-451-05321-7

Das Problem ist nicht die Welt, sondern Sie selbst in Beziehung zu anderen Menschen, und dieses Problem erweitert sich zum Weltproblem.

Colombo, 25. Dezember 1949

Inhalt

Vorwort

Jiddu Krishnamurti, 1895 in Indien geboren, wurde im Alter von dreizehn Jahren von der Theosophischen Gesellschaft aufgenommen, die ihn als das Vehikel des erwarteten „Weltlehrers“ betrachtete. In den darauf folgenden Jahren erwies sich Krishnamurti als ein bedeutender, kompromissloser und nirgends einzuordnender Lehrer, dessen Reden und Schriften an keine spezifische Religion gebunden waren. Seine Lehren waren weder östlich noch westlich, sondern richteten sich an die ganze Welt. Die Rolle eines Messias lehnte er jedoch entschieden ab, und 1929 löste er offiziell die große, vermögende Organisation auf, die sich um ihn gebildet hatte. Krishnamurti erklärte die Wahrheit als ein „pfadloses Land“, der man sich nicht durch irgendeine konventionelle Religion, Philosophie oder Sekte nähern könne.

Bis zum Ende seines Lebens wies Krishnamurti nachdrücklich den Status eines Guru zurück, den man ihm aufzudrängen versuchte. Obwohl Krishnamurti überall auf der Welt mit seinen Reden ein großes Publikum in seinen Bann zog, beanspruchte er keine Autorität, wollte keine Jünger, sondern sprach immer im Stil eines vertraulichen Dialogs zwischen zwei Menschen. Im Mittelpunkt seiner Lehre stand die Erkenntnis, dass fundamentale gesellschaftliche Veränderungen nur durch eine Wandlung im Bewusstsein des Einzelnen herbeigeführt werden können. Er betonte die Notwendigkeit der Selbsterkenntnis und des Verstehens der begrenzenden und trennenden Einflüsse religiöser und nationalistischer Konditionierungen. Der Mensch müsse den Zugang finden zu jenem „unermesslichen Raum im Gehirn, in dem sich eine grenzenlose Energie befindet". Diese Energie war wohl der Urquell seiner eigenen Kreativität und der Schlüssel zu seinem tiefgreifenden Einfluss auf eine große Zahl von Menschen verschiedenster Herkunft.

Bis zu seinem Tod 1986, im Alter von neunzig Jahren, hielt Krishnamurti Vorträge in vielen Ländern der Welt. Seine Reden, Dialoge, Tagebücher und Briefe umfassen mehr als sechzig Bände. Aus dieser riesigen Sammlung seiner Lehren wurde eine Serie von Themenbänden zusammengestellt. Jeder Band ist einer Frage gewidmet, die von besonderer Relevanz für unser tägliches Leben ist.

Ojai, 16. Juni 1940

Für die meisten von uns basiert die Beziehung zu einem anderen Menschen auf wirtschaftlicher oder psychischer Abhängigkeit. Diese Abhängigkeit verursacht Angst, sie weckt in uns einen Besitzanspruch, dem wiederum Unstimmigkeiten, Verdächtigungen und Frustration folgen. Wirtschaftliche Abhängigkeit von einem anderen mag vielleicht durch Gesetze und gerechte Teilung verhindert werden, doch denke ich vorwiegend an jene psychische Abhängigkeit, die aus dem Verlangen nach persönlicher Befriedigung, nach persönlichem Glück entsteht. In dieser Besitz ergreifenden Beziehung fühlt man sich bereichert, kreativ und aktiv; man hat das Gefühl, dass die kleine Flamme des eigenen Daseins durch einen anderen verstärkt wird. Weil man diese Quelle der eigenen Vervollkommnung nicht verlieren will, fürchtet man den Verlust des anderen Menschen, und besitzsüchtige Ängste kommen auf mit all den Problemen, die sich daraus ergeben. In dieser Beziehung einer gegenseitigen psychischen Abhängigkeit wird immer bewusste oder unbewusste Angst mitspielen und ein Misstrauen, das sich oft hinter freundlich klingenden Worten verbirgt. Die Reaktion auf diese Angst führt dazu, dass man ständig auf verschiedenen Wegen nach Sicherheit und Bereicherung sucht, sich in Ideen und Idealen einspinnt oder aber nach einer Ersatzbefriedigung sucht.

Obwohl man von einem anderen Menschen abhängig ist, wünscht man zugleich, unverletzlich und heil zu sein. Das komplexe Problem in einer Beziehung ist: Wie kann man lieben, ohne abhängig zu sein, ohne Reibung und Konflikt, und wie überwindet man das Verlangen, sich zu isolieren, um der Ursache des Konflikts auszuweichen. Wenn wir für unser Glück von einem anderen, von der Gesellschaft oder unserer Umgebung abhängig sind, werden diese lebenswichtig für uns; wir klammern uns an sie, und wir wehren uns heftig gegen jede Veränderung, weil wir für unsere innere Sicherheit und unser Wohlbefinden von ihnen abhängig sind. Obwohl wir intellektuell das Leben als etwas auffassen mögen, das ständig im Wandel ist, in einem Prozess, der ständige Veränderung erfordert, klammern wir uns emotional an die überkommenen und tröstlichen Werte, und so kommt es zu einem ständigen Kampf zwischen Veränderung und dem Wunsch nach Dauer. Ist es möglich, diesem Konflikt ein Ende zu setzen?

Es gibt kein Leben ohne Beziehung, doch wir haben das Leben, indem wir es auf persönliche und Besitz ergreifende Liebe gründen, zu etwas Qualvollem und Widerwärtigem gemacht. Kann man lieben und doch nicht besitzen? Die richtige Antwort werden Sie nicht durch Zerstreuung oder in Idealen und Glaubensvorstellungen finden, sondern durch das Verstehen der Ursachen von Abhängigkeit und Besitzanspruch. Wenn wir dieses Problem der Beziehung zwischen uns selbst und einem anderen zutiefst verstehen, dann werden wir vielleicht auch die Probleme unserer Beziehung zur Gesellschaft verstehen, denn die Gesellschaft ist nichts als die Erweiterung von uns selbst. Das Umfeld, das wir Gesellschaft nennen, wurde von den vorhergehenden Generationen geschaffen; wir akzeptieren es, weil es uns hilft, an unserer Habgier, unserem Besitzanspruch und unseren Illusionen festzuhalten. In dieser Illusion kann es keine Einigkeit und keinen Frieden geben. Die bloße wirtschaftliche Einigkeit, die durch Zwang und Gesetzgebung erwirkt wird, kann keine Kriege beenden. Solange wir die individuelle Beziehung nicht verstehen, können wir keine friedliche Gesellschaft haben. Da unsere Beziehung auf Besitz ergreifender Liebe basiert, müssen wir uns innerlich ihres Ursprungs, ihrer Ursachen, ihrer Wirkungsweise bewusst werden. Indem wir uns der Besitzgier und ihrer Reaktionen, Gewalttätigkeit und Angst, bewusst werden, kommen wir zu einem Verstehen, das vollkommen und umfassend ist. Nur dieses Verstehen befreit das Denken von Abhängigkeit und Besitzgier. Nur in sich selbst kann man eine harmonische Beziehung finden, nicht in einem anderen und nicht in der Außenwelt.

In einer Beziehung liegt die Ursache der Misshelligkeiten zunächst in einem selbst, dem Selbst als Mittelpunkt des gebündelten Verlangens. Nur wenn wir erkennen, dass das Wichtigste nicht das Handeln des anderen ist, sondern wie jeder von uns selbst handelt und reagiert, wenn wir dieses Reagieren und Handeln fundamental und von Grund auf verstehen, dann wird die Beziehung einem tiefen und radikalen Wandel unterzogen. In der Beziehung zu einem anderen Menschen gibt es nicht nur ein physisches Problem, sondern auch das Problem des Denkens und Fühlens auf allen Ebenen. Man kann mit einem anderen nur in Harmonie leben, wenn man in sich selbst harmonisch ist. Daher ist es in einer Beziehung so wichtig, nicht auf den anderen, sondern auf sich selbst zu achten, was nicht bedeutet, dass man sich abkapseln muss, sondern dass man tief in seinem Innern die Ursache des Konflikts und Leids versteht. Solange wir für unser inneres Wohlbefinden intellektuell oder emotional von einem anderen abhängig sind, muss diese Abhängigkeit unweigerlich Angst hervorrufen, die zu einer Quelle des Leidens wird.

Um die Vielschichtigkeit von Beziehungen zu verstehen, bedarf es achtsamer Geduld und Ernsthaftigkeit. Eine Beziehung ist ein Prozess der Selbstenthüllung, in dem man die verborgenen Ursachen des Leids aufdeckt. Diese Selbstenthüllung ist nur in einer Beziehung möglich.

Ich lege Nachdruck auf Beziehung, weil wir mit dem tiefen Verständnis ihrer Vielschichtigkeit zu einem Verstehen gelangen, einem Verstehen, das über Vernunft und Gefühl hinausgeht. (Ein Verstehen, das lediglich auf Vernunft basiert, zieht Vereinsamung, Hochmut und Lieblosigkeit nach sich, und wenn unser Verstehen ausschließlich Gefühlen entspringt, enthält es keine Tiefe, keine Liebe, sondern bloße Sentimentalität, die sich bald verflüchtigt.) Nur aus solchem Verstehen heraus kann unser Handeln vollkommen sein. Dieses Verstehen ist unpersönlich und unzerstörbar. Es ist nicht mehr der Zeit unterworfen. Wenn wir nicht aus den alltäglichen Problemen des Besitzanspruchs und unserer Beziehungen zu einem Verstehen gelangen, sondern stattdessen Verstehen und Liebe in anderen Schichten des Bewusstseins suchen, werden wir weiterhin in Unwissenheit und Illusionen leben.

Ohne den Prozess des Besitzenwollens vollkommen zu verstehen, mag man sich bemühen, gütig und großzügig zu sein, doch Unwissenheit und Grausamkeit werden weiterwirken. Denn wenn wir das Wesen der Beziehung nicht vollkommen verstehen und lediglich Mitgefühl und Vergebung kultivieren, führt das nur zur Selbstisolierung und dem Schwelgen in subtilen Formen des Hochmuts. Im vollen Verstehen des Verlangens aber sind Mitgefühl und Vergebung bereits enthalten. Gepflegte Tugenden sind überhaupt keine Tugenden. Zum richtigen Verstehen braucht es eine unaufhörliche und wache Bewusstheit, eine Anstrengung, die flexibel bleibt. Bloße Kontrolle, die kultiviert werden muss, hat ihre Gefahren, da sie einseitig, unvollständig und deshalb oberflächlich ist. Doch das Interesse bringt seine eigene natürliche, spontane Konzentration mit sich, in der das Verstehen aufblüht. Dieses Interesse wird geweckt, wenn man zu beobachten beginnt und das eigene Handeln und Reagieren im täglichen Leben in Frage stellt.

Um das komplexe Problem des Lebens mit seinen Konflikten und Leiden zu begreifen, muss man ein umfassendes Verstehen entwickeln, und das ist nur möglich, wenn wir den Prozess des Verlangens, der die zentrale Kraft in unserem Leben darstellt, in seiner ganzen Tiefe verstehen.

Fragesteller: Wenn Sie über Selbstenthüllung sprechen, meinen Sie damit, dass man sich sich selber offenbart oder dass man sich dem anderen Menschen öffnet?

Krishnamurti: Man offenbart sich oft den anderen Menschen, aber was ist wichtig? Dass Sie sich selbst so sehen, wie Sie sind, oder dass Sie sich einem anderen offenbaren? Ich habe versucht zu erklären, dass jede Beziehung ein Spiegel ist, in dem wir, wenn wir es zulassen, deutlich wahrnehmen, was verbogen und was gerade ist. Er gibt uns den notwendigen Fokus, um scharf zu sehen, aber wie ich bereits erklärte, wenn wir von Vorurteil, Meinungen und Glaubensvorstellungen geblendet sind, dann können wir nicht klar und vorurteilslos sehen, wie schmerzlich eine Beziehung auch sein mag. Dann ist die Beziehung kein Prozess der Selbstenthüllung.

Unsere grundlegende Erwägung ist: Was hindert uns an einer getreuen Wahrnehmung? Wir sind nicht fähig zur Wahrnehmung, weil unsere Meinungen über uns selbst, unsere Ängste, Ideale, Glaubensvorstellungen, Hoffnungen und Traditionen alle der Verschleierung dienen. Ohne die Ursachen dieser Verzerrungen zu verstehen, versuchen wir, das so Wahrgenommene zu ändern oder daran festzuhalten, und dies schafft nur noch mehr Widerstände und vermehrtes Leiden. Unsere wichtigste Überlegung sollte sein, nicht das, was wir wahrnehmen, zu ändern oder zu akzeptieren, sondern uns der vielen Ursachen bewusst zu werden, die diese Verzerrungen bewirken. Manche werden sagen, sie haben keine Zeit, um sich bewusst zu werden, sie sind zu beschäftigt, oder ähnliche Ausreden gebrauchen, aber es ist keine Frage der Zeit, sondern vielmehr des Interesses. Wenn dieses vorhanden ist, dann beginnt, ganz gleich, womit Sie gerade beschäftigt sind, die Bewusstheit. Wenn Sie jedoch ein unmittelbares Ergebnis erwarten, zerstören Sie die Möglichkeit eines vollkommenen Verstehens.

Saanen, 31. Juli 1981

Fragesteller: Können zwei Menschen, die in einer Beziehung voller Konflikt und Schmerz leben, ihre Probleme lösen, oder sollten sie die Beziehung beenden? Wenn man eine gute Beziehung haben will, ist es dann nicht nötig, dass beide sich ändern?

Krishnamurti: Ich hoffe, diese Frage ist klar. Was ist in einer Beziehung die Ursache von Schmerz, Konflikt und allen anderen Problemen, die entstehen? Was ist ihre Wurzel? Bitte, lassen Sie uns gemeinsam nachdenken, bevor wir diese Frage beantworten. Ich beantworte sie nicht selbst, so dass Sie die Antwort nur passiv hinzunehmen, zu akzeptieren oder abzulehnen brauchen, sondern wir untersuchen diese Fragen gemeinsam. Dies ist eine Frage, die wirklich alle Menschen angeht, ganz gleich, ob sie im Fernen Osten, hier oder in Amerika leben. Es ist ein Problem, das in der Tat die ganze Menschheit angeht. Anscheinend können zwei Menschen, ein Mann und eine Frau, nicht ohne Konflikt, ohne Schmerz, ohne ein Gefühl der Ungleichheit zusammenleben, ohne das Gefühl, dass sie nicht wirklich tief miteinander verbunden sind. Man fragt sich, warum? Dafür kann es viele verschiedene Ursachen geben: Geschlecht, Temperament, gegensätzliche Gefühle, Glaubensvorstellungen, unterschiedliche Ziele. Für fehlende Harmonie in einer Beziehung kann es viele, viele Ursachen geben. Aber was ist wirklich der Ursprung, der tiefste Ursprung des Konflikts in jedem von uns? Das ist doch die zentrale Frage, und jetzt erwarten Sie nicht, dass irgendjemand, der Sprecher vielleicht, sie Ihnen beantwortet. Wenn Sie diese Frage gestellt haben, haben Sie bitte die Geduld abzuwarten, innezuhalten, damit die Frage selbst Wurzeln schlagen, aufblühen, wachsen kann. Ich weiß nicht, ob ich Ihnen das Gefühl dafür vermitteln kann.

Ich frage mich, warum es, wenn ich mit einer Frau verheiratet bin oder mit einer Frau zusammenlebe, diesen fundamentalen Konflikt zwischen uns gibt? Ich kann eine oberflächliche Antwort darauf geben: weil sie katholisch ist und ich evangelisch bin oder dies oder jenes. Das sind oberflächliche Gründe. Aber ich will herausfinden, was die tiefe Wurzel oder die tiefe Quelle dieses Konflikts zwischen zwei Menschen ist. Ich habe diese Frage gestellt, und nun warte ich, dass die Frage von selbst aufblüht und alle ihr innewohnenden Verwicklungen bloßlegt und ans Licht bringt. Dafür muss ich ein wenig Geduld aufbringen – nicht wahr? – ein wenig abwarten, beobachten, aufmerksam sein, bis die Frage sich zu entfalten beginnt. Wenn sie sich dann entfaltet, beginne ich die Antwort zu sehen. Nicht, dass ich eine Antwort erwarte, aber die Frage selbst beginnt sich zu entfalten, aufzutun und mir die außerordentliche Verwirrung zu zeigen, die zwischen zwei Menschen besteht, zwischen zwei Menschen, die einander vielleicht gern haben, sich zueinander hingezogen fühlen. Wenn sie noch sehr jung sind, haben sie sich sexuell miteinander eingelassen, und später, wenn sie ein wenig älter werden, sind sie voneinander gelangweilt und flüchten sich allmählich aus dieser Langeweile zu einer anderen Person, sie lassen sich scheiden – Sie kennen das ja alles. Aber sie finden das gleiche Problem mit einem anderen Partner. Ich muss also Geduld haben. Mit dem Wort *Geduld* meine ich nicht, dass man der Zeit die Arbeit überlassen soll. Ich weiß nicht, ob Sie sich mit der Frage von Geduld und Ungeduld schon einmal beschäftigt haben.

Die meisten von uns sind ziemlich ungeduldig. Wir wollen unsere Frage sofort beantwortet haben, wir wollen sofort nichts mehr von ihr wissen oder sofort mit ihr etwas anfangen. Wir sind also ziemlich ungeduldig, damit weiterzukommen. Diese Ungeduld gestattet uns nicht, das Problem in seiner Tiefe zu verstehen. Wenn ich hingegen Geduld habe, die nichts mit Zeit zu tun hat, wünsche ich nicht, das Problem zu beenden: Ich beobachte das Problem, schaue es mir an, lasse es sich entwickeln und wachsen. Und so beginne ich aus dieser Geduld heraus die Antwort in ihrer ganzen Tiefe zu finden. Richtig? Lassen Sie uns das jetzt gemeinsam tun. Wir sind geduldig, wir wollen keine sofortige Antwort, und deshalb ist unser Geist, unser Gehirn offen, um zu schauen, um sich des Problems in seiner Vielschichtigkeit bewusst zu werden. Einverstanden? Wir versuchen es – nein, ich möchte das Wort *versuchen* nicht benutzen – wir dringen in das Problem ein, warum zwei Menschen offenbar nie konfliktfrei miteinander leben können. Was ist die Wurzel dieses Konflikts? Wie ist meine Beziehung zu der Frau oder zu einem anderen Menschen? Ist sie oberflächlich? Sexuelle Anziehung, Neugier, Erregung, das alles sind oberflächliche sinnliche Reaktionen. Nicht wahr? Ich erkenne also, dass diese Reaktionen oberflächlich sind, und solange ich eine oberflächliche Antwort suche, werde ich niemals imstande sein, die Tiefe des Problems zu sehen. Bin ich also frei von den oberflächlichen Reaktionen und den Problemen, die sich daraus ergeben, sowie dem Versuch, diese Probleme oberflächlich zu lösen? Ich weiß nicht, ob Sie mir folgen können.

Ich habe festgestellt, dass ich auf eine oberflächliche Fragestellung keine Antwort finden werde. Deshalb frage ich nach der Wurzel des Problems. Ist es die Erziehung? Liegt es daran, dass ich als Mann den anderen Menschen beherrschen will, dass ich ihn besitzen will? Hänge ich so sehr an dem anderen

Menschen, dass ich ihn nicht loslassen kann? Und erkenne ich, dass es immer verderblich ist, derart an jemanden gebunden zu sein – dass ich durch Eifersucht, durch Sorge und Angst die Beziehung verderbe? Wir kennen alle ganz genau die Konsequenzen der Abhängigkeit. Ist sie die Ursache? Oder liegt die Ursache viel tiefer? Zuerst kommt die oberflächliche Anziehung, dann emotionale Bindung, schließlich gefühlsmäßige Abhängigkeit. Wenn ich mich von diesen Gefühlen befreie, gibt es dann nicht noch ein tieferes Problem, das dem allen zugrunde liegt? Verstehen Sie? Wir dringen von der Oberfläche tiefer und immer tiefer, um selbst herauszufinden, was die Wurzel von allem ist. Ich hoffe, dass Sie dies tun.

Wie finde ich nun diese Wurzel? Wie finden *Sie* die Wurzel? Suchen Sie wirklich eine Antwort, bemühen Sie sich mit all Ihrer Kraft, diese Wurzel zu finden? Oder wollen Sie warten, bis Ihr Geist, Ihr Gehirn ruhig geworden ist? Wenn der Geist beobachtet, dann ist er nicht aufgeregt, denn Beobachtung ist keine Aktivität des Verlangens oder des Willens. Es ist reines Beobachten. Wollen wir es gemeinsam tun, einfach beobachten, um zu sehen, was die tiefe Wurzel oder die tiefe Ursache, die Basis dieses Konflikts zwischen den Menschen ist? Ist es das Gefühl des Getrenntseins der Individuen? Bitte gehen Sie ganz sorgfältig vor. Ist es das Konzept des Individualismus, dass ich grundsätzlich von dem anderen Menschen getrennt bin? Biologisch unterscheiden wir uns voneinander, aber wir haben das Gefühl eines tief verwurzelten, individuellen, getrennten Handelns. Ist dies die Wurzel? Oder ist da noch eine tiefere Schicht – verstehen Sie? Können Sie mir folgen? Verstehen Sie mich? Zuerst die sensorischen Reaktionen, die Erregung der Sinne, dann emotionale, romantische, sentimentale Reaktionen, dann ein Gebundensein, das alles verdirbt? Oder ist das Gehirn zutiefst konditioniert, so dass es behauptet: „Ich bin ein Individuum, und der oder die andere ist ein Individuum, und wir sind getrennte Wesen; jeder muss seinem eigenen Weg folgen, und deshalb ist die Trennung fundamental"? Ist es wirklich so?

Ist die Trennung fundamental? Oder wurde ich dazu erzogen, ein Individuum zu sein, und die andere, die ebenfalls ein Individuum ist, muss auf ihre eigene Art und Weise Erfüllung finden, ebenso wie ich? Demnach sind wir bereits von Anfang an in zwei verschiedene Richtungen aufgebrochen. Sie mögen parallel verlaufen, doch sie begegnen sich nie, wie zwei Eisenbahnlinien, die sich nie treffen. Und doch versuche ich nichts anderes, als dem anderen zu begegnen, harmonisch mit ihm zusammenzuleben und ich bemühe mich: „O Liebling, wie gut du bist!" – verstehen Sie? Man wiederholt es immer wieder, aber man kommt nie zusammen, nicht wahr?

Wenn das also die Ursache ist – und so scheint es –, ist dann diese getrennte Existenz des Individuums eine Realität? Oder ist sie eine Illusion, die ich genährt, gehegt, an die ich mich geklammert habe, ohne sie in Frage zu stellen? Wenn die Trennung fragwürdig ist, dann muss ich ganz sicher, absolut und unwiderruflich sicher sein, dass es eine Illusion ist, und fragen, ob sich das Gehirn von dieser Illusion befreien und erkennen kann, dass wir zuinnerst alle gleich sind. Folgen Sie mir? Mein Bewusstsein ist das Bewusstsein des Rests der Menschheit. Auch wenn wir biologisch verschieden sind, auf psychischer Ebene ist unser Bewusstsein dem aller anderen Menschen gleich. Wenn ich das einmal erkenne, nicht intellektuell, sondern im tiefsten Innern, in meinem Herzen, in meinem Blut, in meinen Eingeweiden, dann wird sich meine Beziehung zu dem anderen Menschen von Grund auf verändern. Das ist unausweichlich.

Die Frage war: Wenn wir im Konflikt miteinander sind, muss die Beziehung dann enden? Wenn wir den ganzen Tag miteinander streiten, wie es die meisten Menschen in diesem

Kampf, in dieser Zwietracht tun – Sie kennen die Bitterkeit, den Zorn, den Hass, die Abneigung –, dann ertragen wir es so lange, bis der Moment kommt, an dem wir die Beziehung abbrechen müssen. Wir kennen dieses Verhaltensmuster. Es gibt mehr und mehr Scheidungen. Und der Fragesteller fragt: Was kann man tun? Ich lebe in ständigem Konflikt mit meiner Frau und irgendwie kann ich ihn nicht mehr beilegen – muss also die Beziehung enden? Oder verstehe ich von Grund auf die Ursache dieses Konflikts, der in dem Gefühl getrennter Individualitäten wurzelt? Und da ich die illusionäre Natur dieses Gefühls verstehe, folge ich nicht mehr dem Weg des Individualismus. Was findet also statt, wenn ich dies verstanden habe und danach lebe – nicht mit Worten und Behauptungen, sondern wenn ich es tatsächlich lebe –, was ist meine Beziehung zu dieser Person, zu der Frau, die noch immer individualistisch denkt? Verstehen Sie meine Frage?

Das ist sehr interessant. Verfolgen Sie es weiter. Ich sehe oder sie sieht – überlassen wir es lieber der Frau –, sie sieht den törichten, den absurden, den illusionären Charakter des Individuums. Sie versteht es, sie erfühlt es und ich nicht, denn ich bin ein Mann, ich bin aggressiver, zielstrebiger und all das. Was spielt sich also zwischen uns ab? Sie hat das Wesentliche begriffen und ich nicht. Sie wird nicht mehr mit mir streiten. Verstehen Sie? Sie wird sich nie mehr in diesen Bereich begeben, aber ich schubse und dränge sie ständig und versuche, sie in diesen Bereich hineinzuziehen. Ich verursache den Konflikt, nicht sie. Haben Sie verstanden, wie die ganze Situation sich verändert hat? Die ganze Sache hat sich verschoben. Nicht mehr zwei Leute streiten, sondern nur einer. Sehen Sie, was stattgefunden hat? Und wenn ich überhaupt sensibel bin, wenn ich echte Gefühle für sie habe, beginne ich mich ebenfalls zu wandeln, denn sie ist unwiderruflich dort. Verstehen Sie? Sie wird nicht mehr zurückkommen. Sehen Sie, was geschieht?

Wenn zwei Objekte aufeinander treffen, entsteht Konflikt. Ich weiß nicht, ob Sie das verstehen. Doch wenn einer unbeweglich ist, die Frau, und ich bin beweglich, dann gebe ich natürlich demjenigen nach, der unbeweglich ist. Verstehen Sie? Es ist ganz einfach.

Das Problem ist also gelöst, wenn man das Wesen der Beziehung richtig versteht – ohne das Bild, von dem wir zuvor gesprochen haben. Dann wird sie mich durch ihre bloße Gegenwart, durch die bloße Vitalität ihres Daseins, verwandeln, sie wird mir helfen. Das ist die Antwort. Verstehen Sie?

Bangalore, 15. August 1948

Das Leben ist ein Prozess der unablässigen Bewegung von Beziehungen, und ohne zu verstehen, was Beziehung ist, werden wir nur Verwirrung und Zwietracht heraufbeschwören, und all unser Bemühen wird vergeblich sein. Deshalb ist es wichtig zu klären, was wir unter Beziehung verstehen, denn die Gesellschaft wurde aus Beziehungen aufgebaut, und innerhalb der Gesellschaft ist keine Isolation möglich. Man kann nicht isoliert leben. Was isoliert ist, wird bald zugrunde gehen.

Unser Problem ist also, was wir unter Beziehung verstehen. Wenn wir die Beziehung, das Verhalten zwischen Menschen, sei es intim oder distanziert, verstehen, dann werden wir auch beginnen, den ganzen Prozess der Existenz und den Konflikt zwischen Abhängigkeit und Unabhängigkeit zu begreifen. Wir müssen also sehr sorgfältig untersuchen, was wir unter Beziehung verstehen. Ist Beziehung heutzutage nicht ein Prozess der Abkapselung und deshalb ein ständiger Konflikt? Die Beziehung zwischen Ihnen und einem anderen, zwischen Ihnen und Ihrer Frau, zwischen Ihnen und der Gesellschaft ist das Produkt dieser Isolation. Unter Isolation verstehe ich, dass wir unaufhörlich Sicherheit, Zufriedenheit und Macht suchen.

Schließlich sucht jeder Einzelne von uns Befriedigung in der Beziehung zu einem anderen; und wo die Suche nach Behagen, nach Sicherheit existiert, sei es in einer Nation oder in einem Individuum, ist Isolation die Folge, und was in Isolation lebt, fordert Konflikt heraus. Alles, was Widerstand leistet, führt zwangsläufig zum Konflikt zwischen sich selbst und dem, wogegen es Widerstand leistet, und da die meisten Beziehungen eine Form des Widerstands sind, schaffen wir eine Gesellschaft, die unausweichlich Isolation und somit Konflikt innerhalb und außerhalb dieser Isolation heraufbeschwört. Wir müssen also untersuchen, wie sich Beziehungen in unserem Leben praktisch auswirken. Was ich bin – meine Handlungen, meine Gedanken, meine Gefühle, meine Motive, meine Absichten – führt zu dieser Beziehung zwischen mir und den anderen, die wir als die Gesellschaft bezeichnen. Es gibt keine Gesellschaft ohne diese Beziehung zwischen zwei Menschen; und bevor wir über nationale Unabhängigkeit reden, die Flagge schwenken und das ganze Drum und Dran, müssen wir unsere Beziehung zueinander verstehen.

Wenn wir jetzt unser Leben und unsere Beziehungen zueinander untersuchen, sehen wir einen Prozess der Isolierung. Wir nehmen nicht wirklich Anteil an dem anderen, doch obwohl wir viel darüber reden, sind wir in Wirklichkeit nicht an ihm interessiert. Wir haben eine Beziehung zu jemandem nur, solange diese Beziehung uns Vergnügen macht, solange sie uns eine Zuflucht bietet, solange sie uns befriedigt. Aber sobald es eine Störung, ein Unbehagen in der Beziehung gibt, geben wir die Beziehung auf. Mit anderen Worten, eine Beziehung hält nur so lange, wie sie uns Spaß macht. Das mag hart klingen, aber wenn Sie wirklich Ihr Leben genau überprüfen, werden Sie feststellen, dass es eine Tatsache ist; und einer Tatsache auszuweichen heißt, in Unwissenheit zu leben, und daraus kann niemals eine echte Beziehung erwachsen.

Wenn wir nun unser Leben betrachten und unsere Beziehungen beobachten, sehen wir, dass ihr eigentlicher Inhalt ist, Widerstand gegeneinander aufzubauen, eine Mauer, über die wir schauen und einander beobachten. Ob es nun eine psychische, materielle, wirtschaftliche oder nationale Mauer ist, immer lassen wir die Mauer stehen und bleiben hinter ihr geborgen. Und solange wir in Isolation hinter einer Mauer leben, haben wir keine Beziehung zueinander. Wir leben eingekapselt, weil es viel befriedigender ist, wir halten es für viel sicherer. Die Welt ist so zerstörerisch – es gibt so viel Leid, so viel Schmerz, Krieg, Zerstörung und Elend –, dass wir fliehen möchten, um innerhalb der Mauern in dem Gefühl der Sicherheit zu leben. Beziehung ist also für die meisten von uns in Wirklichkeit ein Prozess der Isolierung, und so ist es ganz natürlich, dass derartige Beziehungen eine Gesellschaft bilden, in der die Menschen isoliert sind. Das ist genau das, was auf der ganzen Welt geschieht. Sie bleiben in Ihrer Isolation und strecken Ihre Hand über die Mauer hinweg aus, und das nennen Sie Internationalismus, Brüderlichkeit oder was Sie wollen, aber in Wirklichkeit bleiben die souveränen Staaten und Armeen bestehen. Das heißt, während Sie auf Ihrer eigenen Begrenztheit beharren, glauben Sie eine vereinte Welt, den Weltfrieden schaffen zu können, aber das ist unmöglich. Solange Sie eine Grenze haben, sei sie nun national, wirtschaftlich, religiös oder sozial, ist es eine offensichtliche Tatsache, dass es keinen Frieden auf der Welt geben kann.

Der Prozess der Isolierung geht Hand in Hand mit dem Streben nach Macht. Ob man nun nach persönlicher Macht oder nach Macht für eine ethnische oder nationale Gruppe strebt, beides führt unweigerlich zur Isolation, denn das Verlangen nach Macht, nach gesellschaftlicher Stellung, ist bereits Separatismus. Das ist ja schließlich, was jeder will, oder nicht? Der Mann will eine Machtstellung, in der er herrschen kann, entweder zu Hause, im Büro oder in einem bürokratischen Regime. Jeder sucht Macht, und in seinem Streben nach Macht wird er eine Gesellschaft aufbauen, die auf Macht, militärischer, industrieller, wirtschaftlicher Macht basiert – auch das ist offensichtlich. Wirkt nicht das Streben nach Macht seinem

Wesen nach isolierend? Ich halte es für sehr wichtig, das zu verstehen, denn der Mensch, der sich eine friedliche Welt wünscht, eine Welt, in der es keine Kriege gibt, keine entsetzliche Zerstörung, kein katastrophales Elend unermesslichen Ausmaßes, muss diese fundamentale Frage verstehen. Solange Sie als Individuum nach Macht streben, als Premierminister oder Gouverneur, Rechtsanwalt oder nur zu Hause als Ehemann oder Ehefrau – das heißt, solange es Sie nach diesem Gefühl des Herrschens, des Bezwingens, der Mehrung von Macht und Einfluss verlangt –, werden Sie mit Sicherheit eine Gesellschaft schaffen, die das Resultat eines Isolationsprozesses ist. Denn es liegt in der Natur der Macht, dass sie isolierend und trennend wirkt.

Ein Mann, der liebevoll, der gütig ist, hat keinen Sinn für Macht, und deshalb ist ein solcher Mann an keine Nationalität, an keine Flagge gebunden. Er hat keine Flagge. Aber der Mann, der Macht in gleich welcher Form erstrebt, entweder in einer Bürokratie oder durch die Projektion seiner selbst, die er Gott nennt, wird sich zwangsläufig isolieren. Wenn Sie das sehr sorgfältig nachprüfen, werden Sie sehen, dass das Streben nach Macht seinem ganzen Wesen nach ein Prozess der Selbstbegrenzung ist. Jeder Einzelne sucht seine eigene Position, seine eigene Sicherheit, und solange dieses Motiv existiert, wird die Gesellschaft auf einem isolierenden Prozess aufgebaut. Das Streben nach Macht führt in die Isolation, und was isoliert ist, wird zwangsläufig Konflikt verursachen. Genau das geschieht überall auf der Welt. Jede Gruppe strebt nach Macht, und damit isoliert sie sich. Auf diese Weise entstehen Nationalismus und Patriotismus, die letztlich zu Krieg und Vernichtung führen.

Ohne Beziehung gibt es keine Möglichkeit, im Leben zu bestehen; doch solange sich Beziehungen auf Macht und Herrschaft gründen, werden sie in die Isolierung führen, die unweigerlich zu Konflikt führt. Es gibt kein Leben in Isolation – kein Land, kein Volk, kein Einzelner kann in Isolation leben; doch wenn Sie auf so vielerlei Wegen nach Macht streben, verursachen Sie diese Isolation. Der Nationalist ist ein Verhängnis, denn durch seine nationalistische, patriotische Gesinnung baut er eine Mauer der Isolation. Er hat sich derart mit seinem Land identifiziert, dass er gegen das andere Land eine Mauer errichtet. Und was geschieht, wenn Sie eine Mauer gegen etwas errichten? Dieses Etwas wird unablässig gegen Ihre Mauer schlagen. Wenn Sie gegen etwas Widerstand leisten, dann zeigt eben dieser Widerstand, dass sie sich im Konflikt befinden. Folglich kann der Nationalismus mit seinem Prozess der Isolation, der durch Machtstreben in Gang kommt, keinen Frieden in der Welt schaffen. Ein Mensch, der Nationalist ist und über Brüderlichkeit spricht, lügt. Er lebt einen Widerspruch.

Frieden auf der Welt ist unbedingt notwendig, andernfalls werden wir vernichtet. Einige wenige mögen davonkommen, doch die Zerstörung wird größer sein als je zuvor, wenn wir das Problem des Friedens nicht lösen. Frieden ist kein Ideal, ein Ideal ist unwirklich. Man muss verstehen, was wirklich stattfindet, doch dieses Verstehen des Wirklichen wird durch das Unwirkliche, das wir als Ideal bezeichnen, verhindert. Die Wirklichkeit ist, dass jeder nur Macht, einen Titel oder eine einflussreiche Stellung erstrebt, und das alles wird mit wohlmeinenden Worten verschleiert. Hier haben wir ein lebenswichtiges Problem. Es ist kein theoretisches Problem, und es kann auch nicht aufgeschoben werden; es erfordert sofortiges Handeln, denn die Katastrophe kommt bestimmt. Wenn sie nicht morgen kommt, dann im nächsten Jahr oder bald danach, denn der Isolationsprozess ist bereits im Gange. Wer ernstlich darüber nachdenkt, der muss die Wurzel des Problems in Angriff nehmen, das Machtstreben der Einzelnen, aus welchen sich die nach Macht strebende Gruppe, Rasse und Nation zusammensetzt.

Kann man in der Welt ohne das Verlangen nach Macht, nach Position, nach Autorität leben? Natürlich kann man es. Man kann es, wenn man sich nicht mit etwas Größerem identifiziert. Diese Identifizierung mit etwas Größerem – der Partei, dem Land, dem Volk, der Religion, Gott – ist das Streben nach Macht. Weil Sie in sich selbst leer, stumpf und schwach sind, haben Sie das Bedürfnis, sich mit etwas Größerem zu identifizieren. Und das ist das Bedürfnis nach Macht. Deshalb ist der Nationalismus – ja jede Art von Gemeinschaftsgeist – ein solcher Fluch für die Welt; denn er ist nichts anderes als Machtstreben. Wenn man also das Leben und damit auch das Wesen der Beziehung verstehen will, muss man das Motiv entdecken, das jeden von uns bewegt, denn dieses Motiv gestaltet unsere soziale Umwelt. Dieses Motiv bringt entweder Frieden oder Vernichtung in die Welt. Deshalb muss sich jeder Einzelne von uns bewusst sein, dass die Welt sich in einem Zustand des Elends und der Zerstörung befindet und dass wir, wenn wir bewusst oder unbewusst Macht anstreben, zu dieser Zerstörung beitragen und daher in einem ständigen Konflikt mit der Gesellschaft leben.

Es gibt vielfältige Formen der Macht, nicht nur das Erringen von Einfluss und Wohlstand. Allein der Wunsch, etwas zu sein, ist eine Form von Macht, die Isolation und damit Konflikt heraufbeschwört. Solange nicht jeder Einzelne das Motiv, die Intention seines Handelns versteht, ist die Gesetzgebung einer Regierung von sehr geringer Bedeutung, denn das Innere besiegt immer das Äußere. Sie mögen äußerlich ein friedliches Gemeinwesen schaffen, doch die Männer, die es lenken, werden es im Sinne ihrer Absichten verändern. Deshalb ist es so wichtig, dass diejenigen, die eine neue Kultur, eine neue Gesellschaft, einen neuen Staat schaffen wollen, sich zuerst einmal selbst verstehen. Wenn man sich seiner selbst bewusst wird, seiner vielfältigen inneren Vorgänge und Schwankungen, wird man die verborgenen Motive, Absichten und Gefahren verstehen, und nur wenn man sich ihrer bewusst wird, findet eine Wandlung statt. Eine Erneuerung kann sich nur vollziehen, wenn dieses Streben nach Macht endet; nur dann können wir eine neue Kultur schaffen, eine Gesellschaft, die nicht auf Konflikt, sondern auf Verstehen gegründet ist. Beziehung ist ein Prozess der Selbstenthüllung, und ohne sich selbst, die Vorgänge des eigenen Verstandes und Herzens zu erkennen, hat das bloße Errichten einer äußeren Ordnung, eines Systems, einer ausgeklügelten Gesetzgebung sehr wenig zu bedeuten.

Es ist also wichtig, sich selbst in der Beziehung zum anderen Menschen zu verstehen. Dann wird die Beziehung kein Prozess der Isolierung sein, sondern eine Bewegung, in der Sie Ihre persönlichen Motive, Gedanken und Bestrebungen verstehen; und allein diese Entdeckung ist der Anfang der Befreiung, der Anfang der Wandlung. Nur diese unmittelbare Wandlung ist es, die eine fundamentale, radikale Revolution in der Welt herbeiführen kann, die so dringend notwendig ist. Eine Revolution innerhalb der isolierenden Mauern ist keine Revolution. Die Revolution kann nur stattfinden, wenn die Mauern der Isolation zerstört werden, und dies kann nur geschehen, wenn Sie aufgehört haben, nach Macht zu streben.

Ojai, 17. Juli 1949

Können wir versuchen, dem Folgenden zuzuhören, ohne sofort mit Ablehnung oder Zustimmung zu reagieren? Bitte lehnen Sie nicht sofort ab, wenn Sie mit etwas Neuem konfrontiert werden. Das soll nicht heißen, dass wir alles akzeptieren müssen. Das wäre wirklich absurd, denn dann würden wir lediglich Autorität aufbauen, und Autorität macht eigene Gedanken und Gefühle unmöglich, man kann nichts Neues entdecken. Da die meisten von uns dazu neigen, etwas zu akzeptieren, ohne es richtig zu verstehen, besteht die Gefahr, dass wir auch das Folgende gedankenlos und ungeprüft hinnehmen. In dieser Rede werde ich vielleicht etwas Neues sagen oder etwas anders ausdrücken, und das wird Ihnen entgehen, wenn Sie nicht mit der Gelassenheit, der Ruhe zuhören, die zu einem Verstehen führt.

Ich möchte ein Thema erörtern, das ziemlich schwierig ist, nämlich die Frage des Handelns, der Aktivität und der Beziehung. Doch müssen wir zunächst klären, was wir unter Aktivität verstehen, was wir als Handeln bezeichnen. Denn unser ganzes Leben scheint auf Handeln oder vielmehr auf Aktivität zu basieren. Ich möchte zwischen Aktivität und Handeln unterscheiden. Wir sind so ganz darauf eingestellt, etwas zu tun; wir sind so rastlos, immer in Bewegung, müssen um jeden Preis etwas tun, um weiterzukommen, etwas zu erreichen, nach Erfolg zu streben. Und was hat Aktivität in einer Beziehung zu suchen? Denn das Leben ist eine Frage der Beziehung. Nichts kann in der Vereinzelung existieren, und wenn Beziehung nichts anderes ist als Aktivität, dann hat sie nicht viel Bedeutung. Ich weiß nicht, ob Sie bemerkt haben, dass in dem Moment, in dem Sie aufhören, aktiv zu sein, sofort ein Gefühl nervöser Spannung aufkommt; Sie fühlen sich, als seien Sie nicht wirklich am Leben, nicht auf dem Posten, wenn Sie nicht etwas zu erledigen haben. Und hinzu kommt die Angst, allein zu sein, allein einen Spaziergang zu machen, für sich zu sein, ohne ein Buch, ohne ein Radio, ohne zu sprechen, die Angst, ruhig dazusitzen, ohne ständig etwas mit Ihren Händen oder Ihrem Verstand oder Ihrem Herzen zu tun.

Um Aktivität zu verstehen, müssen wir also unbedingt Beziehung verstehen, nicht wahr? Wenn wir Beziehung als eine bloße Ablenkung, als Flucht vor etwas anderem verstehen, dann ist sie nichts anderes als eine Aktivität. Und ist nicht unsere Beziehung meist nur eine Ablenkung, und besteht deshalb lediglich aus einer Folge von Aktivitäten? Wie ich schon sagte, Beziehung hat nur wirklich eine Bedeutung, wenn sie ein Prozess der Selbstenthüllung ist, in dem man während des eigenen Handelns in seiner Beziehung sich selbst erkennt. Doch die meisten von uns wollen sich in einer Beziehung nicht selbst entblößen. Im Gegenteil, wir benutzen die Beziehung als ein Mittel, unser eigenes Ungenügen, unsere eigenen Schwierigkeiten, unsere eigene Unsicherheit zu verschleiern. So wird aus der Beziehung eine bloße Bewegung, eine bloße Aktivität. Ich weiß nicht, ob Sie bemerkt haben, dass eine Beziehung sehr schmerzlich ist, solange sie nicht ein Prozess der Enthüllung ist, in dem Sie sich selbst entdecken. Dann ist die Beziehung nur ein Mittel der Flucht vor sich selbst.

Es ist wichtig, dies zu verstehen, denn die Frage der Selbsterkenntnis stellt sich in der Entwicklung einer Beziehung, sei es zu Dingen, zu Menschen oder zu Ideen. Kann Beziehung auf einer Idee basieren? Jeder Akt, der auf einer Idee basiert, kann doch nichts anderes sein als die Fortführung dieser Idee, und das ist Aktivität. Handeln jedoch basiert nicht auf einer Idee. Handeln ist unmittelbar, spontan, direkt, der Denkprozess ist dabei nicht im Spiel. Wenn wir uns jedoch in unserem Handeln auf eine Idee stützen, wird es zur Aktivität, und wenn wir unsere Beziehung auf einer Idee aufbauen, dann ist auch sie nichts als Aktivität ohne Verstehen. Dann folgt sie nur einem Rezept, einem Muster, einer Idee. Weil wir etwas aus der Beziehung profitieren wollen, ist eine derartige Beziehung immer beschränkend, begrenzend, einengend.

Eine Idee wird aus einem Wunsch, einem Verlangen, einer Absicht geboren. Wenn ich eine Beziehung zu dir habe, weil ich dich brauche, körperlich oder seelisch, dann basiert diese Beziehung offensichtlich auf einer Idee, denn ich will etwas von dir haben. Und eine solche Beziehung, die auf einer Idee basiert, kann kein selbstenthüllender Prozess sein. Sie ist nichts als eine Triebkraft, eine Aktivität, eine Monotonie, in der sich eine Gewohnheit verfestigt. Daher ist eine solche Beziehung immer anstrengend und schmerzlich, sie besteht aus qualvollen Auseinandersetzungen.

Ist es möglich, eine Beziehung ohne eine Idee, ohne Forderungen, ohne Besitzanspruch zu führen? Können wir miteinander kommunizieren – eine echte Beziehung auf allen verschiedenen Ebenen des Bewusstseins haben –, wenn wir durch ein Verlangen, ein körperliches oder seelisches Bedürfnis miteinander verbunden sind? Kann es eine Beziehung geben, der kein Mangel zugrunde liegt? Wie ich schon sagte, das ist ein sehr schwieriges Problem, in das man sehr tief und in aller Ruhe eindringen muss. Es ist keine Frage des Akzeptierens oder Ablehnens.

Wir wissen, woraus unsere derzeitige Beziehung besteht – aus Streit, Kampf, Schmerz oder bloßer Gewohnheit. Wenn wir die Beziehung zu dem einen Menschen vollkommen verstehen können, dann können wir vielleicht auch die Beziehung zu den Vielen, zur Gesellschaft verstehen. Denn meine Beziehung zur Gesamtheit, zur Gesellschaft, zu den Vielen kann ich durchaus nicht verstehen. Und wenn meine Beziehung zu dem Einen auf einem Bedürfnis, auf Befriedigung basiert, dann muss meine Beziehung zur Gesellschaft genauso sein. Deshalb ist Zwietracht unausweichlich, mit dem Einen wie mit den Vielen. Ist es möglich, mit dem Einen und den Vielen ohne Forderungen zu leben? Das ist doch das Problem – nicht wahr? – nicht nur zwischen Ihnen und mir, sondern auch zwischen mir und der Gesellschaft. Und um das Problem zu verstehen, es in seiner ganzen Tiefe zu ergründen, müssen Sie sich mit der Frage der Selbsterkenntnis beschäftigen, denn ohne sich selbst zu erkennen, so wie Sie sind, und ohne klar zu sehen, „was ist", können Sie offensichtlich keine echte Beziehung zueinander haben. Sie können tun, was Sie wollen – fliehen, beten, lesen, ins Kino gehen, das Radio einschalten – solange Sie sich nicht selbst verstehen, können Sie keine echte Beziehung haben, und so entstehen Streit, Kampf, Feindseligkeit und Verwirrung, nicht nur innerlich, sondern auch außerhalb Ihrer selbst und um Sie herum. Solange wir eine Beziehung nur als ein Mittel der Befriedigung, der Flucht, der Ablenkung benutzen, die nichts als Aktivität ist, solange ist keine Selbsterkenntnis möglich. Die Selbsterkenntnis jedoch – als ein Prozess des Verstehens und Enthüllens – entfaltet sich in der Beziehung, wenn Sie bereit sind, sich in die Frage der Beziehung zu vertiefen und sich ihr zu öffnen. Denn ohne Beziehung können Sie letztlich nicht leben. Wir aber wollen diese Beziehung dazu benutzen, es bequem zu haben, zufrieden zu sein, etwas darzustellen. Das ist unsere Idee von einer Beziehung, was bedeutet, dass der Verstand in der Beziehung die Hauptrolle spielt. Und da der Verstand immer daran interessiert ist, sich selbst zu schützen, indem er stets im Bereich des Bekannten bleibt, reduziert er alle

Beziehungen auf die Ebene der Gewohnheit oder der Sicherheit, und auf diese Weise wird Beziehung zu einer bloßen Aktivität.

Sie sehen also, dass eine Beziehung, wenn wir es zulassen, ein Prozess der Selbstenthüllung sein kann; aber da wir das nicht zulassen, wird die Beziehung zu nichts anderem als einer befriedigenden Beschäftigung. Solange der Verstand die Beziehung lediglich zu seiner eigenen Sicherheit benutzt, muss diese Beziehung zwangsläufig zu Verwirrung und Feindseligkeiten führen. Ist es möglich, in einer Beziehung zu leben ohne die Idee von Ansprüchen, Bedürfnissen oder Befriedigung?

*

Sie können an Liebe nicht denken. Sie können an die Person denken, die Sie lieben, aber dieses Denken ist nicht Liebe, und so nimmt nach und nach das Denken den Platz der Liebe ein. Kann Beziehung auf einer Idee basieren? Wenn dies der Fall ist, ist sie dann nicht eine selbstbegrenzende Aktivität, und ist es daher nicht unvermeidlich, dass Streit, Zwietracht und Leid entstehen?

Rajahmundry, 4. Dezember 1949

Realität kommt nur zum Vorschein, wenn der Geist still *ist*, nicht still *gemacht* wird. Deshalb darf der Geist nicht zum Stillsein diszipliniert werden. Wenn Sie sich selbst disziplinieren, ist das nur ein projizierter Wunsch, in einem besonderen Zustand zu sein. Ein solcher Zustand ist kein Zustand der Passivität. Religion bedeutet, dass man den Denker und das Denken versteht, und das heißt, das Handeln in der Beziehung zu verstehen. Ein solches Verstehen ist Religion, nicht die Verehrung einer Idee, gleich wie befriedigend, wie traditionell sie auch sein mag und von wem sie auch stammt. Religion ist das Verstehen der Schönheit, der Tiefe, der umfassenden Bedeutung des Handelns in einer Beziehung. Denn Leben ist Beziehung; Existenz bedeutet, in Beziehung zu sein. Anders können Sie nicht existieren. Sie können nicht isoliert leben. Sie haben Beziehung zu Ihren Freunden, zu Ihrer Familie, zu den Menschen, mit denen Sie zusammenarbeiten. Auch wenn Sie sich auf einen Berg zurückziehen, sind Sie mit dem Menschen verbunden, der Ihnen etwas zu essen bringt. Sie haben auch Beziehung zu einer Idee, die Sie projiziert haben. Existenz bedeutet Sein, und das ist Beziehung; und wenn wir diese Beziehung nicht verstehen, können wir auch die Realität nicht verstehen. Doch weil Beziehung schmerzlich und beunruhigend ist, weil sie ständig ihre Forderungen ändert, flüchten wir uns daraus zu dem, was wir als Gott bezeichnen, und das nennen wir die Suche nach Realität. Der Suchende aber kann das Reale nicht suchen. Er kann nur sein eigenes Ideal suchen, das er selbst projiziert hat. Nur eine Beziehung, die wir verstehen, ist die wahre Religion, nichts anderes, denn in dieser Beziehung ist der ganze Sinn der Existenz enthalten. In der Beziehung, sei es zu Menschen, zur Natur, zu den Bäumen, den Sternen, zu Ideen, zum Staat – allein in dieser Beziehung werden der Denker und das Denken (das heißt der Mensch, der Geist) offenbar. Das Selbst entsteht im Brennpunkt des Konflikts, denn durch die Konzentration auf den Konflikt wird sich der Geist seiner selbst bewusst. Andernfalls gibt es kein Selbst; und wenn Sie es noch so hoch bewerten, dient es doch nur der eigenen Befriedigung.

Wer die Realität nicht suchen, sondern erfahren will, wer die Stimme der Ewigkeit, was immer sie auch ist, hören will, der muss Beziehung verstehen; denn in der Beziehung gibt es Konflikt, und eben dieser Konflikt ist es, der die Realität verdrängt. Das heißt, im Konflikt wird die Selbstbewusstheit verfestigt, die den Konflikt zu vermeiden, zu fliehen sucht, doch nur wenn der Geist den Konflikt versteht, kann er das Reale erfahren. Ohne die Beziehung zu verstehen, ist die Suche nach dem Realen nur die Suche nach einem Fluchtweg. Das muss man ganz klar sehen. Wenn man nicht versteht, was tatsächlich ist, wie kann man dann darüber hinausgelangen? Sie können die Augen davor verschließen, sie können zu Heiligtümern rennen und leere Bilder anbeten, doch die Verehrung, die Anbetung, das Ritual, das Niederlegen von Blumen, die Opfer, die Ideale und Glaubensvorstellungen – das alles hat keine Bedeutung, wenn man den Konflikt in der Beziehung nicht versteht. Den Konflikt zu verstehen, ist das Entscheidende, nichts anderes, denn in diesem Konflikt entdecken Sie den ganzen geistigen Prozess. Ohne sich selbst zu erkennen, wie Sie sind, nicht wie Sie eigentlich sein sollten – Gott, der sich in der Materie verkörpert, oder welche Theorie Sie auch vertreten mögen

–, sondern im Konflikt des täglichen Lebens mit seinen wirtschaftlichen, sozialen und ideologischen Problemen – ohne diesen Konflikt zu verstehen, wie können Sie ihn hinter sich lassen und etwas entdecken? Die Suche nach dem Jenseitigen ist nur eine Flucht vor dem, „was ist", und wenn Sie dem entfliehen wollen, dann ist Religion oder Gott eine ebenso gute Zuflucht wie Trunkenheit. Nehmen Sie nicht Anstoß daran, dass Trinken und Gott auf dieselbe Ebene gestellt werden. Alle Fluchtwege liegen auf derselben Ebene, ob Sie nun zum Trinken, zur Kirche oder zu was auch immer Ihre Zuflucht nehmen.

Den Konflikt in einer Beziehung zu verstehen ist also von höchster Wichtigkeit und nichts anderes, denn aus diesem Konflikt erschaffen wir die Welt, in der wir Tag für Tag leben, das Elend, die Armut, die ganze Hässlichkeit des Lebens. Beziehung ist die Antwort auf die Bewegung des Lebens. Das heißt, das Leben ist eine ständige Herausforderung, und wenn die Antwort ungenügend ist, entsteht Konflikt. Wenn wir jedoch sofort und ehrlich auf die Herausforderung antworten, kommt etwas Vollkommenes zum Vorschein. In dieser Antwort, die der Herausforderung entspricht, endet der Konflikt. Deshalb ist es wichtig, sich selbst zu verstehen, nicht abstrakt, sondern im Tatsächlichen, im täglichen Leben. Was Sie im täglichen Leben sind, ist entscheidend, nicht woran Sie denken oder was Sie sich vorstellen, sondern wie Sie sich zu Ihrer Frau, Ihrem Mann, Ihren Kindern, Ihren Angestellten verhalten. Denn aus dem, was Sie sind, erschaffen Sie die Welt. Verhalten ist nicht ideales Verhalten. Es gibt kein ideales Verhalten. Verhalten ist das, was Sie sind, von einem Augenblick zum anderen, wie Sie sich von einem Moment zum anderen benehmen. Das Ideal ist eine Flucht vor dem, was Sie sind. Wie können Sie weit kommen, wenn Sie nicht erkennen, was Ihnen am nächsten ist, wenn Sie Ihre Frau nicht wahrnehmen? Sie müssen im Nahen beginnen, wenn Sie weit kommen wollen. Aber dennoch sind Ihre Augen auf den Horizont, die so genannte Religion fixiert, und Sie haben alles Beiwerk des Glaubens zur Hand, das Ihnen zur Flucht verhilft.

Wichtig ist also nicht, wie Sie fliehen können, denn jede Flucht ist so gut wie die andere – die religiöse Zuflucht und die weltlichen Zufluchten sind alle gleich, und Flucht kann Ihr Problem nicht lösen. Unser Problem ist der Konflikt, nicht nur der Konflikt zwischen Individuen, sondern der Weltkonflikt. Wir sehen, was auf der Welt geschieht, den zunehmenden Konflikt des Krieges, der Zerstörung, des Elends – das können Sie nicht aufhalten. Sie können nichts anderes ändern als Ihr Verhältnis zur Welt, nicht zu der Welt Europas oder Amerikas, sondern der Welt Ihrer Frau, Ihres Mannes, Ihrer Arbeit, Ihres Zuhauses. Dort können Sie etwas ändern, und diese Veränderung zieht immer weitere Kreise. Doch ohne diese fundamentale Veränderung kann es keinen inneren Frieden geben. Sie können in einer Ecke sitzen und lesen, damit Sie einschlafen können, was die meisten Menschen Meditation nennen, aber das ist nicht das Aufdecken und die Erfahrung des Realen. Was die meisten von uns wünschen, ist eine befriedigende Flucht; wir wollen unseren Konflikten nicht ins Auge sehen, weil sie zu schmerzlich sind. Sie sind nur deshalb schmerzlich, weil wir niemals hinschauen, um ihre Bedeutung zu erkennen. Wir suchen etwas, das wir Gott nennen, aber wir suchen nie die Ursache unseres Konflikts. Doch wenn wir den Konflikt des täglichen Lebens verstehen, dann können wir weitergehen, denn hierin liegt die ganze Bedeutung des Lebens. Ein Geist, der im Konflikt lebt, ist ein destruktiver Geist, und wer sich im Konflikt befindet, kann nie verstehen. Ein Konflikt aber wird nicht durch Sanktionen und Glaubensvorstellungen oder Disziplinen beigelegt, denn es ist der Konflikt selbst, der verstanden werden muss. Unser Problem liegt in der

Beziehung, denn sie ist Leben. Religion ist das Verstehen dieses Lebens, das in einen Zustand führt, in dem der Geist still ist. Ein solcher Geist ist fähig, das Reale zu erfahren. Das ist wahre Religion, nicht Ihre Gottesdienste, Ihre Rituale, Ihre Wiederholungen von Wörtern, Phrasen und Zeremonien. Das alles hat nichts mit Religion zu tun. Das führt zu Trennungen, doch ein Geist, der Beziehung versteht, kennt keine Trennung. Der Glaube an die Einheit des Lebens ist eine bloße Idee und hat deshalb keinen Wert: Denn für einen Menschen, der weiß, was Beziehung ist, gibt es keinen Außenstehenden oder Eingeweihten, es gibt weder den Fremden noch den Nahestehenden. Beziehung ist der Prozess des Sich-selbst-Verstehens, und sich selbst zu verstehen, im täglichen Leben, von einem Augenblick zum anderen, ist Selbsterkenntnis. Selbsterkenntnis ist keine Religion, kein endgültiges Ziel. Es gibt kein endgültiges Ziel. Das gibt es nur für den Menschen, der fliehen will; doch das Verstehen der Beziehung, das sich in einer sich ständig entfaltenden Selbsterkenntnis vollzieht, ist grenzenlos.

Selbsterkenntnis ist also nicht das Erkennen des Selbst, das sich auf ein Podest gestellt hat; sie geschieht von einem Moment zum anderen im täglichen Verhalten, im Handeln, in Beziehung. Ohne diese Selbsterkenntnis ist kein richtiges Denken möglich. Sie haben keine Basis für richtiges Denken, wenn Sie nicht wissen, was Sie sind. Sie können sich nicht abstrakt, in einer Ideologie erkennen, Sie können sich nur in den Beziehungen Ihres täglichen Lebens erkennen. Wissen Sie nicht, dass Sie sich in Konflikt befinden? Was nützt es, ihm auszuweichen oder ihn vermeiden zu wollen, wie ein Mensch, der ein Gift in seinem Körper hat, das er nicht ausscheiden kann und an dem er langsam stirbt?

Selbsterkenntnis ist der Anfang der Weisheit, und ohne diese Selbsterkenntnis können Sie nicht weit kommen. Die Suche nach dem Absoluten, nach Gott oder nach der Wahrheit, ist nur eine Suche nach einer selbstprojizierten Befriedigung. Deshalb müssen Sie im Nahen beginnen und jedes Wort untersuchen, das Sie aussprechen, jede Geste, Ihre Art zu sprechen, zu handeln, wie Sie essen; seien Sie sich all dessen bewusst, ohne etwas zu verurteilen. Dann werden Sie in dieser Bewusstheit erkennen, was tatsächlich ist, und auch die Transformation dessen, was ist. Das ist der Anfang der Befreiung. Befreiung ist kein Ziel. Befreiung kommt von Augenblick zu Augenblick im Verstehen dessen, was ist, wenn der Geist frei *ist,* nicht frei *gemacht* wird. Nur ein freier Geist kann entdecken, nicht ein Geist, der von einem Glauben geformt oder einer Hypothese geprägt wird. Ein solcher Geist kann nicht entdecken. Wo Konflikt ist, kann es keine Freiheit geben, denn Konflikt ist die Erstarrung des Selbst in der Beziehung.

Colombo, 25. Dezember 1949

Wir geraten immer mehr in Verwirrung, weil wir an ein Problem mit einer Methode, einer politischen oder religiösen Ideologie herangehen. Organisierte Religion verhindert offensichtlich das Verstehen eines Problems, weil der Geist von Dogmen und Glaubensvorstellungen konditioniert ist. Unsere Schwierigkeit ist, ein Problem unmittelbar zu verstehen – ohne eine bestimmte religiöse oder politische Konditionierung –, es so zu verstehen, dass der Konflikt aufhört, nicht vorübergehend, sondern endgültig, damit der Mensch erfüllt leben kann – ohne das Elend von morgen oder die Last von gestern. Wir müssen herausfinden, wie wir dem Problem neu begegnen, denn jedes Problem, sei es politisch, wirtschaftlich, religiös, sozial oder persönlich, ist immer neu. Man kann ihm nicht mit dem Alten begegnen. Vielleicht drücken wir dies anders aus, als Sie es gewohnt sind, aber es ist die eigentliche Frage. Das Leben ist schließlich ein sich ständig veränderndes Umfeld.

Wir hätten es gerne gemütlich. Wir würden uns gerne in Religion und Glauben häuslich einrichten oder in einem Wissen, das sich auf bestimmte Fakten gründet. Wir hätten es gerne bequem, wir möchten zufrieden sein und nicht gestört werden. Doch das Leben, das sich ständig verändert und immer neu ist, stört immer wieder das Alte. Unsere Frage ist nun, wie man der Herausforderung stets von neuem begegnet. Wir sind das Ergebnis der Vergangenheit, unser Denken ist das Ergebnis von gestern, und mit dem Gestern können wir dem

Heute natürlich nicht begegnen, aber wir übertragen die Konditionierung des Gestern auf das Verstehen des Heute. Unser Problem bei der Begegnung mit dem Neuen ist, wie wir das Alte verstehen und somit frei von ihm werden können. Denn das Alte kann das Neue nicht verstehen; man kann nicht „jungen Wein in alte Flaschen füllen". Deshalb ist es so wichtig, das Alte, die Vergangenheit zu verstehen, denn die Vergangenheit ist der Geist, der im Denken verankert ist.

Gedanken und Ideen sind das Ergebnis der Vergangenheit. Ob es sich dabei um historisches oder ideologisches Wissen handelt oder um bloßes Vorurteil und Aberglauben, die Idee ist offensichtlich das Ergebnis der Vergangenheit. Wir wären nicht fähig zu denken, wenn wir keine Erinnerung hätten. Erinnerung ist der Bodensatz der Erfahrung, Erinnerung ist die Antwort des Denkens. Um eine Herausforderung zu verstehen, die neu ist, müssen wir den totalen Prozess des Selbst verstehen, denn das Selbst ist das Ergebnis unserer Vergangenheit, unserer Konditionierung durch die Umwelt, die Gesellschaft, das Klima, durch politische oder wirtschaftliche Verhältnisse – die ganze Struktur unseres Selbst. Wenn wir das Problem verstehen, verstehen wir uns selbst, denn das Verstehen der Welt beginnt mit dem Verstehen unserer selbst. Das Problem ist nicht die Welt, sondern Sie selbst in Beziehung zu einem anderen Menschen, und dieses Problem erweitert sich zum Weltproblem.

Um also diesen enormen, komplexen Mechanismus aus Konflikt, Schmerz, Verwirrung und Elend zu verstehen, müssen wir mit uns selbst beginnen, aber nicht individualistisch, in Opposition zur Masse. Diese Abstraktion, die man Masse nennt, gibt es nicht; doch wenn Sie und ich uns nicht selbst verstehen, wenn wir einem Führer folgen und uns von Worten hypnotisieren lassen, dann werden wir zur Masse und werden ausgebeutet. Die Lösung des Problems kann also nicht in der

Isolation gefunden werden, im Zurückziehen in ein Kloster, auf einen Berg oder in eine Höhle, sondern im Verstehen des ganzen Problems unserer selbst in der Beziehung zu anderen Menschen. Sie können nicht isoliert leben: Sein bedeutet in Beziehung sein. Unser Problem ist die Beziehung, die den Konflikt verursacht, der Elend und ständige Schwierigkeiten mit sich bringt. Solange wir diese Beziehung nicht verstehen, wird sie eine Quelle endlosen Schmerzes und Kampfes sein. Uns selbst zu verstehen, Selbsterkenntnis zu haben, ist der Anfang der Weisheit; und Selbsterkenntnis können Sie nicht in einem Buch finden. Es gibt kein Buch, das sie Ihnen beibringen kann. Erkennen Sie sich selbst, und dann können Sie auch mit den Problemen umgehen, mit denen jeder von uns täglich konfrontiert wird. Selbsterkenntnis bringt dem Geist Frieden, und nur dann kann die Wahrheit ans Licht kommen. Wahrheit kann nicht gesucht werden. Wahrheit ist das Unbekannte, und das, was Sie suchen, ist bereits bekannt. Die Wahrheit kommt ungesucht, wenn der Geist ohne Vorurteil ist und den ganzen Prozess des Selbst versteht.

Colombo, 1. Januar 1950

Bevor wir fragen, was wir tun und wie wir handeln sollen, ist es wichtig zu entdecken, was richtiges Denken ist, denn ohne richtiges Denken kann es offensichtlich kein richtiges Handeln geben. Handeln nach einem Vorbild, einem Glauben, hat die Menschen einander zu Gegnern gemacht. Ohne Selbsterkenntnis ist kein richtiges Denken möglich, denn wie kann man ohne Selbsterkenntnis wissen, was man wirklich denkt? Wir denken sehr viel und wir handeln sehr viel, aber ein solches Denken und Handeln erzeugt Konflikt und Feindseligkeit, nicht nur in uns selbst, sondern auch in der Welt. Unser Problem ist also, wie wir richtig denken, so dass daraus ein richtiges Handeln hervorgeht, das Konflikt und Verwirrung nicht nur in uns selbst, sondern auch in unserer Umgebung ausschließt.

*

Wenn unser Denken auf dem Hintergrund unserer Konditionierung basiert, ist alles, was wir denken, offensichtlich eine bloße Reaktion, die zu weiteren Konflikten führt. Bevor wir also herausfinden können, was richtiges Denken ist, müssen wir wissen, was Selbsterkenntnis ist. Selbsterkenntnis ist natürlich nicht das Lernen einer bestimmten Denkweise. Selbsterkenntnis gründet sich nicht auf Ideen, Glaubenslehren oder Schlussfolgerungen. Sie muss etwas Lebendiges sein, sonst hört sie auf, Selbsterkenntnis zu sein, und wird zur bloßen Information. Es besteht ein Unterschied zwischen Information, die Wissen ist, und Weisheit, dem Wissen um den Prozess unserer Gedanken und Gefühle. Doch die meisten von uns sind derart mit Informationen, mit oberflächlichem Wissen vollgestopft, dass sie unfähig sind, viel tiefer in das Problem einzudringen. Um dem ganzen Prozess der Selbsterkenntnis Raum zu geben, müssen wir uns unserer Beziehung bewusst sein. Beziehung ist der einzige Spiegel, den wir haben, ein Spiegel, der nicht verzerrt und in dem wir genau und deutlich sehen, wie unsere Gedanken sich entfalten. Die Isolation, die viele Menschen suchen, ist das verstohlene Aufbauen von Widerstand gegen die Beziehung. Isolation verhindert das Verstehen der Beziehung zu Menschen, Ideen und Dingen. Solange wir nicht wirklich wissen, welcher Art die Beziehung zwischen uns selbst und unserem Eigentum, uns selbst und anderen Menschen, uns selbst und den Ideen ist, kann es nur Verwirrung und Konflikt geben.

Wir können also nur in der Beziehung herausfinden, was richtiges Denken ist. Das heißt, wir können in der Beziehung in jedem Augenblick entdecken, wie wir denken, wie wir reagieren, und damit Schritt für Schritt zur Entfaltung des richtigen Denkens gelangen. Es ist nichts Abstraktes und Schwieriges, genau zu beobachten, was in unserer Beziehung stattfindet, was unsere Reaktionen sind, und so die Wahrheit jedes Gedankens, jedes Gefühls zu entdecken. Wenn wir jedoch eine Idee oder eine vorgefasste Meinung hereinbringen, was eine Beziehung sein sollte, dann verhindert dies das Freilegen und das Entfalten dessen, „was ist." Das ist unsere Schwierigkeit: Wir haben uns bereits entschieden, was eine Beziehung sein sollte. Für die meisten von uns steht Beziehung für Trost, Befriedigung, Sicherheit, und in dieser Beziehung benutzen wir Besitz, Ideen und Personen zu unserer Befriedigung. Wir benutzen den Glauben als ein Mittel der Sicherheit. Beziehung ist keine bloße mechanische Anpassung. Wenn wir Menschen benutzen, müssen wir sie besitzen, körperlich oder seelisch, und wenn man jemanden besitzt, rufen wir damit all die Probleme der Eifersucht, des Neides, der Einsamkeit und des Konflikts hervor. Wenn wir das ein wenig genauer und tiefer untersuchen, werden wir sehen, dass das Benutzen einer Person oder eines Besitzes für die eigene Befriedigung zur Isolation führt. Dieser Prozess der Isolation ist keine wirkliche Beziehung. So entstehen unsere Schwierigkeiten und wachsenden Probleme dadurch, dass es uns am Verstehen der Beziehung mangelt, das im Wesentlichen Selbsterkenntnis ist. Wenn wir nicht wissen, welche Beziehung wir zu Menschen, zu Besitz, zu Ideen haben, dann wird unsere Beziehung unweigerlich zum Konflikt führen. Ist das nicht unser ganzes Problem – die Beziehung nicht nur zwischen einzelnen Menschen, sondern zwischen Gruppen von Menschen, zwischen Nationen und linken oder rechten, religiösen oder weltlichen Ideologien? Deshalb ist es wichtig, von Grund auf Ihre Beziehung zu Ihrer Frau, Ihrem Mann, Ihrem Nachbarn zu verstehen, denn Beziehung ist eine Tür, die zur Selbstentdeckung führt, und durch diese Entdeckung verstehen wir, was richtiges Denken ist.

Richtig denken ist etwas ganz anderes als das richtige Denkschema. Das richtige Denkschema ist statisch. Sie können etwas über das richtige Denkschema lernen, aber nicht, wie man richtig denkt, denn richtiges Denken ist eine Bewegung, es ist nicht statisch. Das richtige Denkschema können Sie aus einem Buch, von einem Lehrer lernen, oder Sie können Informationen darüber sammeln, doch Sie können nicht richtig denken, indem Sie einem Muster oder einer Form folgen. Richtiges Denken ist das Verstehen der Beziehung von einem Augenblick zum anderen, in dem sich der ganze Prozess des Selbst entfaltet.

Auf welcher Ebene Sie auch leben, es gibt Konflikt, nicht

nur individuellen Konflikt, sondern auch den Weltkonflikt. Die Welt sind Sie, sie ist nicht getrennt von Ihnen. Was Sie sind, das ist die Welt. In Ihrer Beziehung zu Menschen und zu Ideen muss eine fundamentale Revolution stattfinden. Eine fundamentale Veränderung ist erforderlich, nicht außerhalb von Ihnen, sondern in Ihren Beziehungen. Deshalb ist es so wichtig für einen friedliebenden Menschen, einen denkenden Menschen, sich selbst zu verstehen. Denn ohne Selbsterkenntnis führen seine Bemühungen nur zu noch mehr Verwirrung und Elend. Seien Sie sich bewusst, was in Ihrem Selbst vorgeht. Sie brauchen keinen Guru, kein Buch, um von einem Augenblick zum anderen Ihre Beziehung zu allen Dingen zu verstehen.

Fragesteller: Warum verschwenden Sie Ihre Zeit mit Predigen, anstatt der Welt auf praktische Weise zu helfen?

Krishnamurti: Nun, was meinen Sie mit praktisch? Meinen Sie, eine Veränderung in der Welt zu bewirken, eine bessere Wirtschaftsordnung, eine bessere Verteilung des Wohlstands, eine bessere Beziehung oder, grob gesagt, dass ich Ihnen helfe, einen besseren Job zu finden? Sie wollen eine Veränderung in der Welt sehen, jeder intelligente Mensch will das, und Sie wollen eine Methode, um diese Veränderung herbeizuführen, und deshalb fragen Sie mich, warum ich meine Zeit mit Predigen vergeude, anstatt etwas dafür zu tun. Ist das, was ich tue, wirklich Zeitverschwendung? Es wäre Zeitverschwendung, wenn ich anstelle der alten Ideologie, des alten Musters ein neues Ideengebäude einführen würde. Vielleicht erwarten Sie das von mir. Doch ist es, anstatt eine so genannte praktische Handlungsweise oder Lebensweise vorzuschlagen oder zu sagen, wie man einen besseren Job bekommt, eine bessere Welt schafft, nicht wichtiger, herauszufinden, was die Hindernisse sind, die tatsächlich einer wirklichen Revolution im Wege stehen, nicht einer Revolution der Linken oder der Rechten, sondern einer fundamentalen, radikalen Revolution, die nicht auf Ideen basiert? Denn Ideale, Glaubenssätze, Ideologien und Dogmen verhindern das Handeln. Es kann keine Transformation der Welt, keine Revolution stattfinden, solange das Handeln auf Ideen basiert, denn dann ist Handeln eine bloße Reaktion, in der Ideen viel wichtiger werden als das Handeln selbst. Genau das passiert doch auf der Welt, oder? Um zu handeln, müssen wir die Hindernisse entdecken, die dem Handeln im Wege stehen. Doch die meisten von uns wollen nicht handeln, das ist unsere Schwierigkeit. Wir ziehen es vor zu diskutieren, wir ziehen es vor, eine Ideologie durch eine andere zu ersetzen, und so entziehen wir uns dem Handeln durch Ideologie. Das ist doch ganz einfach, nicht wahr? Die Welt steht zur Zeit vor vielen Problemen: Übervölkerung, Hungersnöte, die Trennung von Menschen in Nationen und Gesellschaftsklassen und so weiter. Warum setzt sich nicht eine Gruppe von Menschen zusammen und versucht, die Probleme des Nationalismus zu lösen? Doch wenn wir versuchen, international zu werden, während wir noch an unserer Nationalität hängen, schaffen wir ein weiteres Problem, und das tun die meisten von uns.

Sie sehen also, dass es die Ideale sind, die ein Handeln verhindern. Ein Staatsmann, eine berühmte Autorität, hat gesagt, man kann die Welt so organisieren, dass alle Menschen ernährt werden können. Warum wird es dann nicht getan? Wegen widerstreitender Ideen, Glaubensinhalten und Nationalismen. Deshalb sind es in Wirklichkeit die Ideen, die verhindern, dass die Menschen ernährt werden – die meisten von uns spielen mit Ideen und halten sich für großartige Revolutionäre, dabei hypnotisieren wir uns mit Worten wie „praktisch“. Wichtig ist, dass wir uns von Ideen, von Nationalismus, von allen religiösen Glaubenslehren und Dogmen befreien, so dass wir handeln können, nicht nach einer Methode oder einer Ideologie, sondern wie es die Notwendigkeit gebietet. Die Hindernisse und Störungen aufzuzeigen, die einem solchen Handeln im Weg stehen, das ist gewiss keine Zeitverschwendung, kein Schwindel. Aber was Sie tun wollen, macht offensichtlich wenig Sinn. Ihre Ideen und Glaubenslehren, Ihre politischen, wirtschaftlichen und religiösen Allheilmittel trennen in Wirklichkeit die Menschen und führen zum Krieg. Nur wenn der Geist frei von Ideen und Glaubensvorstellungen ist, kann er richtig handeln. Ein Patriot, ein Nationalist, kann nicht verstehen, was Brüderlichkeit bedeutet, auch wenn er es behauptet; im Gegenteil: Sein Handeln, sowohl im wirtschaftlichen wie auch in jedem anderen Bereich, kann zum Krieg führen. Ein richtiges Handeln und damit eine radikale und dauerhafte Veränderung kann es nur geben, wenn der Geist frei von Ideen ist, nicht oberflächlich, sondern von Grund auf, und Freiheit von Ideen ist nur möglich durch Selbstbewusstheit und Selbsterkenntnis.

Colombo, 8. Januar 1950

Eines unserer Hauptprobleme ist die Frage des kreativen Lebens. Offensichtlich führen die meisten von uns ein abgestumpftes Leben. Wir reagieren nur sehr oberflächlich; die meisten unserer Antworten sind oberflächlich und schaffen damit unzählige Probleme. Um ein kreatives Leben zu führen, muss man nicht unbedingt ein Architekt oder ein großer Schriftsteller sein. Das ist nur eine Begabung, und Begabung ist etwas ganz anderes als ein kreatives Leben. Niemand braucht zu wissen, dass Sie kreativ sind, aber Sie selbst können wissen, dass Sie in einem außerordentlichen Glückszustand leben, einem Zustand der Unzerstörbarkeit. Das lässt sich nicht leicht verwirklichen, denn die meisten von uns haben unzählige Probleme – politische, soziale, wirtschaftliche, religiöse und familiäre Probleme –, die wir mit Hilfe gewisser Erklärungen, gewisser Regeln, Traditionen und bekannter gesellschaftlicher oder religiöser Leitbilder zu lösen versuchen. Doch unsere Lösung eines Problems scheint unweigerlich andere Probleme heraufzubeschwören, und wir spannen ein Netz aus Problemen, die sich ständig vervielfachen und steigern und immer zerstörerischer werden.

Wenn wir versuchen, einen Ausweg aus diesem Chaos, dieser Verwirrung zu finden, suchen wir die Antwort auf einer einzigen, bestimmten Ebene. Man muss jedoch die Fähigkeit haben, über alle Ebenen hinauszugehen, denn die kreative Lebensweise ist nicht auf einer einzigen Ebene zu verwirklichen.

Dieses kreative Handeln erfolgt nur aus dem Verstehen unserer Beziehungen, und Beziehung ist die Verbundenheit mit anderen. Es ist also durchaus keine egozentrische Einstellung, sich mit dem individuellen Handeln zu beschäftigen. Wir denken vielleicht, dass wir in dieser Welt nur sehr wenig bewirken können, dass nur die großen Politiker, die berühmten Schriftsteller, die großen religiösen Führer zu einem außergewöhnlichen Handeln befähigt sind. Aber in Wirklichkeit sind Sie und ich unendlich mehr befähigt, eine radikale Veränderung herbeizuführen, als die Berufspolitiker und Wirtschaftsexperten. Wenn wir uns mit unserem eigenen Leben beschäftigen, wenn wir unsere Beziehung zu anderen verstehen, dann haben wir eine neue Gesellschaft geschaffen; wenn nicht, werden wir nur die gegenwärtige chaotische Situation und Verwirrung fortsetzen.

Es geschieht also nicht aus Egoismus, nicht aus einem Machtbedürfnis heraus, dass man sich mit dem individuellen Handeln beschäftigt. Wenn wir zu einer Lebensweise finden können, die kreativ ist und sich nicht nur religiösen, politischen oder wirtschaftlichen Normen anpasst, wie wir es zur Zeit noch tun, dann werden wir fähig sein, unsere vielen Probleme zu lösen. Zur Zeit sind wir nur nachplappernde Grammophone: Vielleicht wechseln wir gelegentlich gezwungenermaßen die Schallplatten, doch die meisten von uns spielen bei jeder Gelegenheit die gleichen Melodien. Diese ständige Wiederholung, diese Fortsetzung der Tradition ist die Quelle des Problems in all seiner Vielschichtigkeit. Wir scheinen unfähig zu sein, uns von der Konformität zu befreien, auch wenn wir vielleicht die gegenwärtige Konformität durch eine neue ersetzen oder versuchen, das gegenwärtige Muster abzuwandeln. Es ist ein ständiger Prozess der Wiederholung und Nachahmung. Wir sind Buddhisten, Christen oder Hindus, wir bekennen uns zur Linken oder zur Rechten. Durch Zitieren aus verschiedenen heiligen Büchern – durch bloße Wiederholung – glauben wir unsere unzähligen Probleme lösen zu können. Doch Wiederholung wird die menschlichen Probleme sicher nicht lösen. Was hat der „Revolutionär" denn für die so genannten Massen getan? Die Probleme sind immer noch da. Diese ständige Wiederholung einer Idee verhindert das Verstehen des Problems. Nur durch Selbsterkenntnis gewinnt man die Fähigkeit, sich von dieser Wiederholung zu befreien. Dann ist es möglich, in diesem kreativen Zustand zu leben, der immer neu ist, und dann ist man stets bereit, jedem Problem neu zu begegnen. Schließlich ist unsere Schwierigkeit, dass wir unseren ungeheuren Problemen mit früher getroffenen Entscheidungen begegnen – mit der Schallplatte der Erfahrung, entweder der eigenen oder der von anderen erworbenen. Und so begegnen wir dem Neuen mit dem Alten, und das schafft ein weiteres Problem.

Kreatives Leben ist ein Dasein ohne diesen Hindergrund, man begegnet dem Neuen mit dem Neuen, und das schafft keine weiteren Probleme. Deshalb ist es notwendig, dem Neuen mit dem Neuen zu begegnen, bis wir den totalen Prozess verstehen, dieses große Problem einer drohenden Katastrophe, mit Elend, Hungersnot, Krieg, Arbeitslosigkeit, Ungleichheit, dem Kampf zwischen widerstreitenden Ideologien. Dieser Kampf und dieses Chaos kann nicht durch die Wiederholung alter Gewohnheiten beendet werden. Wenn Sie sich das wirklich einmal genauer ansehen wollen, ohne Vorurteil, ohne religiöse Tendenz, werden Sie viel größere Probleme sehen. Und wenn Sie frei sind von Konformität, von Glaubensgrundsätzen, werden Sie fähig sein, dem Neuen zu begegnen. Diese Fähigkeit, dem Neuen mit dem Neuen zu begegnen, nennt man den kreativen Zustand, und das ist zweifellos die höchste Form der Religion. Religion ist nicht bloß Glaube, sie ist nicht das Befolgen gewisser Rituale und Dogmen, und es genügt nicht, sich zu diesem oder jenem zu bekennen. Religion ist in Wirklichkeit die Erfahrung eines Zustands, in dem Schöpfung geschieht. Das ist keine Idee, kein Prozess. Man kann diesen Zustand erfahren, wenn man vom Selbst frei ist. Doch Freiheit vom Selbst ist nur möglich, wenn man das Selbst in seinen Beziehungen versteht. In der Isolation gibt es kein Verstehen.

Wie ich schon angedeutet habe, ist es wichtig, dass wir uns jeder Frage sogleich öffnen, wenn sie aufkommt, dass Sie nicht nur auf meine Antworten hören, sondern dass wir gemeinsam die Wahrheit der Dinge entdecken, und das ist viel, viel schwieriger. Die meisten von uns wollen sich lieber von dem Problem distanzieren und andere beobachten, doch wenn wir gemeinsam entdecken können, die Reise gemeinsam machen, so dass es Ihre Erfahrung ist, nicht meine, auch wenn Sie meinen Worten zuhören, wenn wir auf diese Weise gemeinsam reisen, dann wird die Erfahrung von bleibendem Wert sein.

Fragesteller: Befürworten Sie die vegetarische Lebensweise? Hätten Sie etwas dagegen, ein Ei in Ihren Speiseplan aufzunehmen?

Krishnamurti: Ist das wirklich ein so großes Problem, ob wir ein Ei essen oder nicht? Vielleicht ist es den meisten von Ihnen wichtig, nichts zu töten. Was ist dabei wirklich der springende Punkt? Vielleicht essen die meisten von Ihnen Fleisch oder Fisch. Sie vermeiden das Töten, indem Sie zu einem Metzger gehen, oder Sie beschuldigen den Metzger als Mörder. Damit weichen Sie dem Problem nur aus. Wenn Sie Eier mögen, können Sie unbefruchtete Eier essen, um das Töten zu vermeiden. Aber das ist eine sehr oberflächliche Frage, das Problem liegt viel tiefer. Sie wollen keine Tiere töten, um sie zu essen, aber Sie haben nichts dagegen, Regierungen zu unterstützen, die zum Zweck des Tötens organisiert wurden. Alle souveränen Regierungen sind auf Gewalt gegründet, sie brauchen Armeen, Flotten und Luftwaffen. Sie haben nichts dagegen, sie zu unterstützen, aber Sie haben etwas gegen die schreckliche Katastrophe, ein Ei zu essen. Sehen Sie doch, wie lächerlich diese ganze Sache ist! Untersuchen Sie die Mentalität des feinen Herrn, der nationalistisch ist, dem die Ausbeutung und die brutale Vernichtung von Menschen nichts ausmacht, für den die massenhafte Abschlachtung nichts bedeutet – aber der Skrupel hat, etwas Bestimmtes zu essen.

Bei diesem Problem geht noch um viel mehr, nicht nur um die Frage des Tötens, sondern um die richtige Beschäftigung des Geistes. Der Geist kann sich in sehr engem Rahmen beschäftigen, oder er ist zu außergewöhnlicher Aktivität fähig. Die meisten von uns sind zufrieden mit oberflächlicher Beschäftigung, mit Sicherheit, sexueller Befriedigung, Vergnügungen, religiösem Glauben. Damit sind wir zufrieden, und wir sorgen uns nicht im Geringsten um die tiefere und umfassendere Bedeutung des Lebens. Selbst die religiösen Führer sind in ihrer Antwort auf das Leben engstirnig geworden. Letztlich ist das Problem nicht nur das Töten von Tieren, sondern von Menschen, was wichtiger ist. Sie mögen es unterlassen, Tiere zu benutzen und zu entwürdigen, Sie mögen zu mitfühlend sein, um sie zu töten, doch was an dieser Frage wichtig ist, das ist das ganze Problem der Ausbeutung und des Tötens, nicht nur das Abschlachten von Menschen in Kriegszeiten, sondern wie Sie Menschen ausbeuten, wie Sie andere behandeln und sie als minderwertig betrachten. Wahrscheinlich bemerken Sie es gar nicht mehr, weil Sie daran gewöhnt sind. Sie würden lieber über Gott oder die Reinkarnation diskutieren – aber über nichts, was unmittelbares Handeln und Verantwortung erfordert.

Colombo, 22. Januar 1950, Öffentliche Rede

Es kommt darauf an, wie wir an ein Problem herangehen. Man muss ganz klar sehen, dass das Fehlen der richtigen Beziehung zu Konflikt führt, und deshalb ist es so wichtig, dass wir den Konflikt in der Beziehung, den ganzen Prozess unseres Denkens und Handelns verstehen. Wenn wir uns in unseren Beziehungen nicht selbst verstehen, dann ist es gleichgültig, welche Gesellschaft wir schaffen oder welche Ideen und Meinungen wir vertreten – sie werden alle nur mehr Unfrieden und Elend verursachen. Um dieses ganze Problem des Konflikts zu verstehen, muss man zunächst sich selbst in seiner Beziehung zur Gesellschaft verstehen. Selbsterkenntnis ist der Anfang der Weisheit, denn Sie sind die Welt, Sie sind nicht getrennt von der Welt. Die Gesellschaft ist Ihre Beziehung mit den anderen; Sie haben sie geschaffen, und die Lösung finden Sie im Verstehen dieser Beziehung, dem Wechselspiel zwischen Ihnen und der Gesellschaft. Ohne sich selbst zu verstehen, ist es vollkommen nutzlos, nach einer Lösung zu suchen: Es wäre nichts als eine Flucht. Wichtig ist allein, die Beziehung zu verstehen. Die Beziehung ist es, die Konflikt verursacht, und diese Beziehung kann nicht verstanden werden, wenn wir nicht die Fähigkeit haben, passiv wachsam zu sein. Dann, in dieser passiven Wachsamkeit, in dieser Bewusstheit, kommt das Verstehen.

Fragesteller: Ich finde, dass Einsamkeit die zugrunde liegende Ursache vieler meiner Probleme ist. Wie kann ich damit umgehen?

Krishnamurti: Was verstehen Sie unter Einsamkeit? Sind Sie sich wirklich bewusst, dass Sie einsam sind? Einsamkeit ist natürlich nicht ein Zustand des Alleinseins. Sehr wenige von uns sind allein, wir wollen nicht allein sein. Man muss unbedingt verstehen, dass Alleinsein nicht Isolation bedeutet. Es ist ein Unterschied, ob man allein ist oder sich isoliert fühlt. Isolation ist das Gefühl des Eingeschlossenseins, das Gefühl, keine Beziehungen zu haben, von allem abgeschnitten zu sein. Das ist etwas ganz anderes als Alleinsein, das ein Zustand äußerster Verletzlichkeit ist. Wenn wir einsam sind, überkommt uns ein Gefühl der Angst, der Beklemmung, des Schmerzes, weil man isoliert ist. Wenn Sie jemanden lieben, dann haben Sie das Gefühl, ohne diesen Jemand verloren zu sein. Diese Person wird unentbehrlich für Sie, um sich nicht isoliert zu fühlen. Damit benutzen Sie diese Person dazu, vor dem zu fliehen, was Sie sind. Und so versuchen wir, eine Beziehung, eine Verbundenheit mit einem anderen aufzubauen oder einen Kontakt mit Dingen, mit Besitztümern herzustellen, nur um das Gefühl zu haben, am Leben zu sein. Wir kaufen Möbel, Kleider, Autos, wir suchen Wissen zu erwerben oder werden süchtig nach Liebe.

Mit Einsamkeit meinen wir jenen Zustand, der den Geist heimsucht, einen Zustand der Isolation, einen Zustand, in dem man keinen Kontakt hat, keine Beziehung, keine Verbundenheit mit irgendetwas. Wir fürchten diesen Zustand, wir empfinden ihn als schmerzlich; und da wir Angst vor dem haben, was wir sind, vor unserem tatsächlichen Zustand, laufen wir vor ihm davon und benutzen alle möglichen Fluchtwege – Gott, Alkohol, das Radio, Vergnügungen –, alles, um nur von diesem Gefühl der Isolation fortzukommen. Sind nicht unsere Handlungen, sowohl in der Beziehung zwischen Einzelnen als auch in der Beziehung zur Gesellschaft, ein isolierender Prozess? Ist nicht die Beziehung zu Vater und Mutter, zwischen

Ehefrau und Ehemann ein isolierender Prozess? Sind diese Beziehungen nicht fast immer darin begründet, dass man einander braucht? Der Prozess der Selbstisolierung ist also einfach – Sie suchen in Ihren Beziehungen stets einen Vorteil für sich selbst. Dieser isolierende Prozess vollzieht sich ständig, und wenn uns bei unseren Aktivitäten das Bewusstsein der Isolation überkommt, wollen wir vor ihm davonlaufen. So gehen wir in den Tempel oder nehmen ein Buch und schalten das Radio an oder sitzen vor einem Bild und meditieren – alles, um dem, was ist, zu entfliehen.

Colombo, 22. Januar 1950, Rundfunkansprache

Handeln hat nur eine Bedeutung innerhalb von Beziehungen, und ohne die Beziehung zu verstehen, kann das Handeln, gleich auf welcher Ebene, nichts anderes als Konflikt verursachen. Das Verstehen der Beziehung ist unendlich viel wichtiger als die Suche nach irgendeiner Methode des Handelns. Eine Ideologie oder ein Programm als Grundlage des Handelns verhindern das eigentliche Handeln. Handeln, das auf einer Ideologie basiert, beeinträchtigt das Verstehen der zwischenmenschlichen Beziehungen. Die Ideologie mag links oder rechts, religiös oder weltlich orientiert sein, sie wirkt sich unweigerlich negativ auf die Beziehung aus. Das Verstehen der Beziehung ist das wahre Handeln. Ohne die Beziehung zu verstehen, sind Zwietracht und Feindseligkeit, Krieg und Verwirrung unvermeidlich.

Beziehung bedeutet Kontakt, Verbundenheit. Es kann keine Verbundenheit geben, wo Menschen durch Ideen getrennt sind. Ein Glaube kann vielleicht eine Gruppe von Menschen zusammenführen. Eine solche Gruppe wird unvermeidlich Widerstand herausfordern, aus dem sich dann eine andere Gruppe mit anderen Glaubensinhalten bildet.

Ideen verzögern die direkte Beziehung zu dem Problem. Nur durch eine solche direkte Beziehung kommt es zum Handeln. Doch leider gehen wir alle mit den Vorentscheidungen und Erklärungen an ein Problem heran, die wir Ideen nennen. Sie sind ein Mittel, um das Handeln zu verzögern. Eine Idee ist ein formulierter Gedanke. Ohne das Wort, das Symbol, das Bild ist kein Denken möglich. Das Denken ist der Widerhall von Erinnerung und Erfahrung, die konditionierende Einflüsse sind. Diese Einflüsse stammen nicht nur aus der Vergangenheit, sondern auch aus der Verbindung von Vergangenheit und Gegenwart. So überschattet die Vergangenheit stets die Gegenwart. Die Idee ist die Antwort der Vergangenheit auf die Gegenwart, und deshalb ist die Idee immer begrenzt, wie umfassend sie auch sein mag. Deshalb können sich Ideen nicht anders als trennend auf die Menschen auswirken.

Die Welt stand schon immer am Rand einer Katastrophe, aber jetzt scheint sie unmittelbar davor zu stehen. Wenn wir die Katastrophe herannahen sehen, nehmen die meisten von uns Zuflucht zu Ideen. Wir glauben, dass *diese* Katastrophe, *diese* Krise durch eine Ideologie abgewendet werden kann. Ideologie ist immer ein Hindernis für die direkte Beziehung, denn sie verhindert das Handeln. Wir wollen Frieden nur als eine Idee, nicht als eine Realität. Wir wollen Frieden nur auf der verbalen Ebene, einer Ebene des Denkens, die wir stolz als die intellektuelle bezeichnen. Aber das Wort „Frieden" ist nicht Frieden. Frieden kann nur sein, wenn die Verwirrung endet, die Sie und andere stiften. Wir hängen an der Welt der Ideen und nicht am Frieden. Wir suchen nach neuen sozialen und politischen Leitbildern und nicht nach Frieden. Wir sorgen uns um die Versöhnung angesichts der Auswirkungen des Krieges und nicht darum, seine Ursache zu beseitigen. Diese Suche wird nur Antworten bringen, die von der Vergangenheit konditioniert sind. Diese Konditionierung nennen wir Wissen, Erfahrung, und die neuen, sich verändernden Tatsachen werden anhand dieses Wissens interpretiert. So entsteht ein Konflikt zwischen dem, was ist, und der Erfahrung, die gewesen ist. Die Vergangenheit, die Wissen ist, muss sich ständig in Konflikt mit der Tatsache befinden, die immer in der Gegenwart liegt. Dies wird also nicht das Problem lösen, sondern lediglich die Verhältnisse fortsetzen, die das Problem verursacht haben.

*

Beziehung ist unser Problem, nicht auf einer einzigen Ebene, sondern auf allen Ebenen unseres Daseins. Sie ist das einzige Problem, das wir haben. Um Beziehung zu verstehen, müssen wir uns ihr frei von aller Ideologie nähern, frei von jedem Vorurteil, nicht nur von dem der Ungebildeten, sondern auch vom Vorurteil des Wissens. Wir können das Problem nicht aus einer früheren Erfahrung heraus verstehen. Jedes Problem ist neu. Es gibt kein altes Problem. Wenn wir an ein neues Problem mit einer Idee herangehen, die ein Ergebnis der Vergangenheit ist, wird unsere Antwort darauf ebenfalls aus der Vergangenheit stammen und so verhindern, dass wir das Problem verstehen.

Die Suche nach einer Antwort intensiviert das Problem nur. Die Antwort ist nicht fern, denn sie liegt immer in dem Problem selbst. Wir müssen das Problem neu betrachten und nicht durch den Schleier der Vergangenheit. Die Unzulänglichkeit der Antwort auf eine Herausforderung verursacht das Problem. Diese Unzulänglichkeit muss zuerst verstanden werden, nicht die Herausforderung. Wir brennen darauf, das Neue zu sehen, aber wir können es nicht sehen, denn das Bild der Vergangenheit blockiert die klare Wahrnehmung. Wir antworten auf die Herausforderung nur als Katholiken, Hindus oder Buddhisten oder aus der Sicht der Linken oder der Rechten, und dies bringt unweigerlich mehr Konflikt hervor. Wichtig ist also nicht, das Neue zu sehen, sondern das Alte abzustreifen. Nur wenn die Antwort der Herausforderung entspricht, entsteht kein Konflikt. Wir müssen es in unserem täglichen Leben sehen, nicht in der Zeitung.

Beziehung ist die Herausforderung des täglichen Lebens. Wenn Sie und ich und ein anderer nicht wissen, wie wir einander begegnen sollen, schaffen wir Verhältnisse, die zum Krieg führen. Folglich ist das Weltproblem Ihr Problem. Sie sind nicht anders als die Welt. Sie sind die Welt. Was Sie sind, das ist die Welt. Sie können die Welt, die Sie selbst sind, nur retten, wenn Sie die Beziehungen in ihrem täglichen Leben verstehen, nicht durch Glauben, die so genannte Religion oder durch die Linke oder Rechte oder durch irgendeine Reform, wie weitreichend sie auch sein mag. Die Hoffnung liegt nicht bei dem Experten, der Ideologie oder dem neuen Führer. Sie liegt bei Ihnen.

Sie mögen fragen, wie Sie, die Sie ein gewöhnliches Leben in einem begrenzten Kreis führen, die gegenwärtige Weltkrise beeinflussen können. Sie glauben nicht, dass Sie dazu fähig sind. Der gegenwärtige Unfrieden ist das Ergebnis der Vergangenheit, die Sie und andere geschaffen haben. Solange Sie und andere Ihre gegenwärtige Beziehung nicht von Grund auf wandeln, werden Sie nur zu weiterem Elend beitragen. Dies ist keine übertriebene Vereinfachung. Wenn Sie sich gründlich damit beschäftigen, werden Sie sehen, wie Ihre Beziehung zu anderen in größerem Rahmen Weltkonflikt und Feindschaft verursacht.

Sie sind die Welt. Ohne die Transformation des Einzelnen, der Sie selbst sind, kann es keine radikale Revolution auf der Welt geben. Die Revolution der Gesellschaftsordnung ohne einen Wandel des Einzelnen wird nur zu weiterem Konflikt und Unheil führen. Denn die Gesellschaft ist die Beziehung zwischen Ihnen und mir und anderen. Ohne eine radikale Revolution dieser Beziehung ist jedes Bemühen, Frieden zu stiften, nichts als eine Reform, wie revolutionär sie auch aussieht, und diese bedeutet Rückschritt.

Eine Beziehung, die auf gegenseitigem Bedürfnis basiert,

bringt nichts als Konflikt. Wie abhängig wir auch voneinander sind, wir benutzen einander für einen Zweck, für ein Ziel. Doch mit einem Ziel vor Augen ist keine Beziehung möglich. Sie benutzen mich und ich benutze Sie. In diesem Benutzen verlieren wir den Kontakt. Eine Gesellschaft, die auf gegenseitiger Benutzung aufgebaut ist, ist der Nährboden für Gewalt. Wenn wir einander benutzen, haben wir nur das Bild des Ziels vor Augen, das wir erreichen wollen. Das Ziel – der Gewinn – verhindert Beziehung und Verbundenheit. Bei dem Benutzen des anderen Menschen, wie befriedigend und tröstlich es auch sein mag, ist immer Angst im Spiel. Um diese Angst zu vermeiden, müssen wir besitzen, und aus dem Besitzen entstehen Neid, Verdächtigung und ständiger Konflikt. In einer solchen Beziehung kann man niemals glücklich werden.

Eine Gesellschaft, deren Struktur auf bloßem körperlichen oder seelischen Bedürfnis basiert, muss Konflikt, Verwirrung und Elend hervorbringen. Die Gesellschaft ist die Projektion Ihrer selbst in Beziehung zu anderen, in der das Bedürfnis und das Benutzen vorherrschend sind. Wenn Sie einen anderen Menschen für Ihr materielles oder geistiges Bedürfnis benutzen, haben Sie in Wirklichkeit überhaupt keine Beziehung, Sie haben keinen wirklichen Kontakt miteinander, sind mit dem anderen Menschen nicht verbunden. Wie können Sie mit dem anderen verbunden sein, wenn Sie ihn wie ein Möbelstück benutzen, zu Ihrer Bequemlichkeit und Ihrem Behagen? Es ist also unerlässlich, die Bedeutung der Beziehung im täglichen Leben zu verstehen.

Wir verstehen nicht, was Beziehung ist. Der ganze Prozess unseres Daseins, unseres Denkens und Handelns führt zur Isolation, die eine Beziehung verhindert. Wer ehrgeizig, gerissen, fanatisch ist, kann keine Beziehung zu einem anderen haben. Er kann den anderen nur benutzen, und das führt zu Verwirrung und Feindschaft. Diese Verwirrung und Feindschaft existiert in unserer gegenwärtigen Gesellschaftsstruktur. Sie werden auch in jeder anderen reformierten Gesellschaft existieren, solange keine fundamentale Revolution in unserer Einstellung zum anderen Menschen stattfindet. Solange wir einander als Mittel zu einem Zweck benutzen, wie edel der Zweck auch sein mag, wird es unweigerlich Gewalt und Unruhen geben.

Wenn Sie und ich eine fundamentale Revolution in uns selbst hervorbringen, die nicht auf gegenseitigem materiellen oder geistigen Bedürfnis basiert, hat dann nicht in unserer Beziehung zu dem anderen eine fundamentale Revolution stattgefunden? Unsere Schwierigkeit ist, dass wir ein Bild davon haben, wie die neu organisierte Gesellschaft sein sollte, und wir versuchen, uns in dieses Muster einzufügen. Dieses Muster ist offensichtlich fiktiv. Real aber ist, was wir in Wirklichkeit sind – wenn wir verstehen, was wir sind, und das können wir deutlich im Spiegel unserer täglichen Beziehung sehen. Einem Muster zu folgen bringt nur weiteren Konflikt und neue Verwirrung.

Das gegenwärtige gesellschaftliche Chaos und Elend muss seinen Lauf nehmen. Doch Sie und ich können und müssen die Wahrheit der Beziehung erkennen und dann ein neues Handeln beginnen, das nicht auf gegenseitigem Bedürfnis und dessen Befriedigung aufgebaut ist. Eine bloße Reform der gegenwärtigen Gesellschaftsstruktur, ohne dass wir unsere eigene Beziehung fundamental ändern, ist ein Rückschritt. Eine Gesellschaft, die das Benutzen der Menschen zu einem Ziel – wie vielversprechend es auch sein mag – beibehält, verursacht weitere Kriege und unsagbares Leid. Das Ziel ist immer die Projektion unserer eigenen Konditionierung. Wie vielversprechend und utopisch es auch sein mag, das Ziel kann nur ein Übergang zu weiterem Chaos und Leiden sein. Entscheidend bei all diesem sind nicht die neuen Leitbilder, die neuen oberflächlichen Veränderungen, sondern dass man versteht, was in den Menschen, was in Ihnen selbst vorgeht.

Bei dem Prozess, sich selbst zu verstehen, nicht als Einzelwesen, sondern in Beziehung, werden Sie feststellen, dass sich eine tiefe, bleibende Wandlung vollzieht, in der das Benutzen eines anderen als Mittel Ihrer eigenen inneren Befriedigung aufhört. Das Wichtige ist nicht, wie Sie handeln, welchem Leitbild Sie folgen oder welche Ideologie die beste ist, sondern dass Sie Ihre Beziehung zu einem anderen Menschen verstehen. Dieses Verstehen ist die einzige Revolution; es ist keine Revolution, die auf einer Idee basiert. Jede Revolution, der eine Ideologie zugrunde liegt, benutzt den Menschen lediglich als ein Mittel zum Zweck.

Da das Innere stets das Äußere besiegt, gibt es ohne das Verstehen des ganzen psychischen Prozesses – und somit Ihrer selbst – keinerlei Basis für ein Denken. Jeder Gedanke, der ein Leitbild des Handelns produziert, wird nur zu weiterer Unwissenheit und Verwirrung führen.

Es gibt nur eine einzige fundamentale Revolution. Diese Revolution kommt, wenn das Bedürfnis, einen anderen zu benutzen, aufhört. Diese Transformation ist nichts Abstraktes, nicht etwas, das man sich herbeiwünscht, sondern eine Wirklichkeit, die wir erfahren können, wenn wir beginnen, das Wesen unserer Beziehung zu verstehen. Diese fundamentale Revolution kann man Liebe nennen. Sie ist der einzige kreative Faktor, der eine Wandlung in uns selbst und damit in der Gesellschaft herbeiführen kann.

Bombay, 9. März 1955

Fragesteller: Wie kann ich von der Angst frei werden?

Krishnamurti: Was ist Angst? Angst existiert nur in Beziehung zu etwas, sie existiert nicht für sich selbst. Angst kommt auf in Beziehung zu einer Idee, einer Person, durch den Verlust von Besitz und so weiter. Man kann Angst vor dem Tod haben, weil er das Unbekannte ist. Es gibt die Angst vor der öffentlichen Meinung oder vor dem, was die Leute sagen, Angst, einen Job zu verlieren, Angst, gescholten oder bedrängt zu werden. Es gibt verschiedene Formen der Angst, tiefe und oberflächliche, doch jede Angst steht in Beziehung zu irgendetwas. Wenn wir fragen: „Kann ich frei von Angst sein?", bedeutet das eigentlich: „Kann ich frei von allen Beziehungen sein?" Verstehen Sie? Wenn eine Beziehung Angst verursacht, dann ist die Frage, ob man frei von Angst sein kann, wie die Frage, ob man in Isolation leben kann. Offensichtlich kann das kein Mensch. Es gibt kein Leben in Isolation, man kann nur in Beziehung leben. Um frei von Angst zu sein, muss man die Beziehung verstehen, die Beziehung des Geistes zu seinen eigenen Ideen, zu gewissen Werten, die Beziehung zwischen Mann und Frau, zwischen dem Menschen und seinem Besitz, zwischen dem Menschen und der Gesellschaft. Wenn ich meine Beziehung zu Ihnen verstehen kann, dann liegt keine Angst darin, denn Angst existiert nicht allein, sie ist selbsterzeugt in der Beziehung. Unser Problem ist also nicht, wie wir die Angst überwinden, sondern zunächst herauszufinden, wie unsere Beziehung zum jetzigen Zeitpunkt aussieht und was die richtige Beziehung ist. Wir brauchen die richtige Beziehung nicht aufzubauen, denn sie ergibt sich von selbst, wenn wir verstehen, was Beziehung ist.

Es ist wichtig zu sehen, dass nichts in Isolation leben kann. Selbst wenn Sie ein Mönch oder Einsiedler werden, ein Lendentuch umbinden und sich zurückziehen, sich in Ihrem Glauben isolieren, kann doch kein Mensch in Isolation leben. Doch der Geist verfolgt die Isolation in der Selbstabkapselung, wenn er „meine Erfahrung", „mein Glaube", „meine Frau", mein Mann", „mein Eigentum" denkt, und das ist ein Prozess des Ausschließens. Der Geist sucht die Isolation in all seinen Beziehungen, und deshalb hat er Angst. Unser Problem ist also zu verstehen, was Beziehung ist.

Was ist Beziehung? Wenn Sie sagen: „Ich bin in einer Beziehung", was bedeutet das? Abgesehen von der rein körperlichen Beziehung durch Berührung, durch Blutsverwandtschaft, durch Vererbung basieren unsere Beziehungen auf Ideen. Wir untersuchen hier das, was ist, nicht das, was sein sollte. Unsere derzeitigen Beziehungen basieren auf Ideen, auf Konzepten, auf dem, was wir für Beziehung halten. Das heißt, unsere Beziehung zu allem ist ein Zustand der Abhängigkeit. Ich glaube an eine bestimmte Idee, weil dieser Glaube mir Trost, Sicherheit, ein Gefühl des Wohlbefindens gewährt, er wirkt als ein Mittel der Disziplinierung, der Kontrolle, er vermag meine Gedanken zu ordnen. Meine Beziehung zu dieser Idee basiert also auf Abhängigkeit, und wenn Sie den Glauben daran wegnehmen, bin ich verloren; ich weiß dann nicht, wie ich denken soll, wie ich etwas bewerten soll. Ohne den Glauben an Gott oder an die Idee, dass es keinen Gott gibt, fühle ich mich unsicher, also bin ich abhängig von diesem Glauben.

Ist unsere Beziehung nicht ein Zustand psychischer Abhängigkeit? Ich spreche nicht von physischer Abhängigkeit, die etwas ganz anderes ist. Ich bin von meinem Sohn abhängig, weil ich will, dass er etwas ist, was ich nicht bin. Er ist die Erfüllung all meiner Hoffnungen, meiner Wünsche, er ist meine Unsterblichkeit, mein Fortleben. So ist meine Beziehung zu meinem Sohn, meiner Frau, meinen Kindern, meinem Nachbarn ein Zustand psychischer Abhängigkeit, und ich habe Angst, in einem Zustand zu sein, in dem es keine Abhängigkeit gibt. Ich weiß nicht, was das bedeutet, deshalb bin ich von Büchern, von Beziehungen, von der Gesellschaft abhängig; ich bin abhängig von Besitz, der mir Sicherheit, eine gesellschaftliche Stellung, Prestige garantiert. Und wenn ich von keinem dieser Dinge abhängig bin, dann bin ich von den Erfahrungen abhängig, die ich gemacht habe, von meinen eigenen Gedanken, von der Großartigkeit meiner eigenen Bestrebungen.

Auf geistiger, psychologischer Ebene basieren also unsere Beziehungen auf Abhängigkeit, und deshalb haben wir Angst. Das Problem ist nicht, wie wir unabhängig werden können, sondern einfach die Tatsache zu sehen, dass wir abhängig sind. Wo Abhängigkeit besteht, da ist keine Liebe. Weil Sie nicht zu lieben verstehen, sind Sie abhängig, und daher kommt die Angst. Es kommt also darauf an, die Tatsache zu sehen und nicht zu fragen, wie man liebt oder wie man frei von Angst sein kann; Sie mögen vorübergehend Ihre Angst vergessen durch verschiedene Vergnügungen, durch Radio hören, durch das Lesen der heiligen Schriften oder in den Tempel oder die Kirche gehen, aber das sind alles Fluchtwege. Es besteht kein großer Unterschied zwischen einem Menschen, der Alkohol trinkt, und einem Mann, der zu religiösen Büchern Zuflucht nimmt, zwischen denen, die in das so genannte Gotteshaus gehen, und denen, die ins Kino gehen, denn sie alle sind auf der Flucht. Aber wenn Sie, während Sie zuhören, wirklich die Tatsache sehen, dass eine Beziehung gegenseitiger Abhängigkeit

Angst und Schmerz verursacht und dass in einer solchen Beziehung keine Liebe sein kann, dann brauchen Sie nur diese einfache Tatsache zu sehen und sie augenblicklich zu verstehen, und Sie werden feststellen, dass etwas Außerordentliches geschieht. Nehmen Sie, ohne sie zu widerlegen oder zu akzeptieren oder Meinungen darüber zu äußern, ohne dies oder jenes zu zitieren, nur einfach die Tatsache in sich auf, dass dort, wo eine Gebundenheit existiert, keine Liebe ist und dort, wo Abhängigkeit ist, Angst herrscht. Ich spreche von psychischer Abhängigkeit, nicht von Ihrer Abhängigkeit vom Milchmann, Ihnen Milch zu bringen, oder Ihrer Abhängigkeit von der Eisenbahn oder einer Brücke. Es ist diese innere psychische Abhängigkeit von Ideen, von Menschen, von Eigentum, die Angst hervorruft. Sie können also nicht von Angst frei sein, solange Sie die Beziehung nicht verstehen, und Beziehung kann nur verstanden werden, wenn der Geist alle seine Beziehungen beobachtet. Dies ist der Anfang der Selbsterkenntnis.

Können Sie nun dem allen einfach zuhören, ohne sich zu bemühen? Ein Bemühen existiert nur, wenn Sie versuchen, etwas zu bekommen, wenn Sie versuchen, etwas zu sein. Doch wenn Sie gar nicht erst versuchen, von Angst frei zu sein, sondern vielmehr die Tatsache akzeptieren, dass Abhängigkeit die Liebe zerstört, dann wird genau diese Tatsache den Geist sofort von Angst befreien. Man kann nicht frei von Angst sein, solange man Beziehung nicht versteht, was bedeutet: solange es keine Selbsterkenntnis gibt. Das Selbst wird nur in der Beziehung offenbart. Während ich beobachte, wie ich mit meinem Nachbarn spreche, wie ich meinen Besitz betrachte, wie ich mich an einen Glauben oder an Erfahrung oder an Wissen klammere – das heißt: im Entdecken meiner eigenen Abhängigkeit –, beginne ich mich dem ganzen Prozess der Selbsterkenntnis zu öffnen.

Es kommt also nicht darauf an, die Angst zu überwinden.

Sie können einen Drink nehmen und sie vergessen. Sie können in die Kirche oder den Tempel gehen oder sich in Verneigungen, im Murmeln von Wörtern oder in Andacht verlieren, doch die Angst wartet schon hinter der nächsten Ecke. Das Ende der Angst kommt nur, wenn Sie Ihre Beziehung zu allen Dingen verstehen, und dieses Verstehen ist ohne Selbsterkenntnis nicht möglich. Selbsterkenntnis ist nicht etwas in der Ferne, sie beginnt hier und jetzt, im Beobachten, wie Sie andere Menschen, Ihre Frau, Ihre Kinder behandeln. Beziehung ist der Spiegel, in dem Sie sich so sehen, wie Sie sind. Wenn Sie fähig sind, sich selbst zu betrachten, wie Sie sind, ohne Bewertung, dann endet die Angst, und daraus erwächst ein außerordentliches Gefühl der Liebe. Liebe ist etwas, das nicht kultiviert werden kann; Liebe ist nicht etwas, das geistig erworben werden kann. Wenn Sie sagen: „Ich werde mich in Barmherzigkeit üben", dann ist Barmherzigkeit eine Sache des Verstandes und hat nichts mit Liebe zu tun. Liebe wird ins Leben gerufen, unwissentlich und in ihrer ganzen Fülle, wenn wir diesen ganzen Prozess der Beziehung verstehen. Dann ist der Geist still, er füllt nicht mehr das Herz mit den Dingen des Verstandes, und so kann das, was Liebe ist, sich offenbaren.

Colombo, 13. Januar 1957

Wenn es Ihnen mit Ihrem Vorhaben wirklich ernst ist, dann müssen Sie zunächst die Beziehung zwischen sich und dem Sprecher verstehen. Dabei geht es nicht darum, dass jemand Sie belehrt, im Gegenteil: Sie und ich als Individuen werden gemeinsam lernen, und es gibt keine Trennung zwischen dem Lehrer und dem Lernenden. Eine solche Trennung ist im ethischen, spirituellen oder religiösen Sinne abzulehnen. Bitte verstehen Sie das ganz klar. Ich bin nicht dogmatisch oder rechthaberisch. Solange wir die Beziehung zwischen Ihnen und dem Sprecher nicht verstehen, haben wir die falsche Einstellung. Für mich gibt es nur Lernen, nicht die Person, die weiß, und die Person, die nicht weiß. In dem Moment, wenn jemand sagt, er weiß, dann weiß er nicht. Die Wahrheit kann man nicht wissen. Was man weiß, gehört der Vergangenheit an, es ist bereits tot. Wahrheit ist etwas Lebendiges, sie ist nicht statisch. Deshalb können Sie die Wahrheit nicht wissen. Wahrheit ist eine ständige Bewegung, sie hat keine Bleibe, und ein Geist, der an einen Glauben, ein Wissen, an eine bestimmte Konditionierung gefesselt ist, der ist nicht fähig zu verstehen, was Wahrheit ist.

*

Selbsterkenntnis ist der Anfang der Weisheit. Diese Selbsterkenntnis kann man nicht aus Büchern erwerben, Sie können sie selbst nur im Beobachten Ihrer täglichen Beziehung zu Ihrer Frau oder Ihrem Mann, zu Ihren Kindern, Ihrem Chef oder dem Busfahrer entdecken. Nur wenn Sie sich Ihrer selbst in Ihrer Beziehung zu einem anderen Menschen bewusst sind, können Sie entdecken, was in Ihrem eigenen Geist vorgeht, und mit diesem Verstehen Ihrer selbst beginnen Sie, sich von Ihrer Konditionierung zu befreien. Wenn Sie sich dessen zutiefst bewusst sind, werden Sie feststellen, dass der Geist sehr still wird, wirklich still. Diese Stille ist nicht die Stille eines disziplinierten, gefesselten, kontrollierten Geistes, es ist vielmehr die Stille, die sich einstellt, wenn der Geist durch das Verstehen der Beziehung nicht mehr im Mittelpunkt seines eigenen Interesses steht. Erst dann ist der Geist fähig wahrzunehmen, was jenseits seines Ermessens liegt.

London, 18. Mai 1961

Die meisten von uns wissen wohl, was es heißt, einsam zu sein. Wir kennen jenen Zustand, wenn jede Beziehung wie abgeschnitten ist, wenn man kein Gefühl für die Zukunft oder die Vergangenheit hat, nur ein Gefühl vollkommener Isolation. Vielleicht befinden Sie sich in einer großen Menschenmenge, in einem überfüllten Bus, oder Sie sitzen neben Ihrem Freund, Ihrem Mann oder Ihrer Frau, und plötzlich überkommt Sie diese Welle, dieses Gefühl einer entsetzlichen Nichtigkeit, einer Leere, eines Abgrunds. Und die instinktive Reaktion ist, sich davon abzuwenden. Also schalten Sie das Radio ein, schwatzen oder schließen sich einer Gesellschaft an, oder Sie predigen über Gott, Wahrheit, Liebe und dergleichen mehr. Doch ob Sie sich zu Gott oder ins Kino flüchten, alle Fluchtwege sind die gleichen. Ihre Reaktion ist Angst vor dieser völligen Isolation, und Sie laufen davon. Sie kennen die Flucht in den Nationalismus, zu Ihrem Vaterland, Ihren Kindern, Ihrem Ansehen, Ihrem Eigentum, und für all das sind Sie bereit zu kämpfen, zu streiten, zu sterben.

Wenn Sie nun erkennen, dass alle Fluchtwege die gleichen sind, und wenn Sie wirklich erkennen, was Flucht bedeutet, können Sie dann immer noch fliehen? Und wenn Sie nicht fliehen, gibt es dann noch Konflikt? Können Sie mir folgen? Es ist die Flucht vor dem, „was ist“, der Versuch, etwas anderes zu erreichen als das, „was ist“, was den Konflikt verursacht. Wenn Sie dieses Gefühl der Einsamkeit überwinden wollen, dieses plötzliche Enden jeder Erinnerung an jede Beziehung, die mit Eifersucht, Neid, Raffgier verbunden ist oder auch dem Versuch, tugendhaft zu sein – dann muss sich Ihr Geist als Erstes all dem stellen, er muss alles durchstehen, so dass die Angst in jeder Form verschwindet. Kann dann der Geist durch einen einzigen Fluchtversuch die Vergeblichkeit aller Fluchtwege erkennen? Dann gibt es keinen Konflikt mehr, nicht wahr? Und weil es keinen Beobachter der Einsamkeit mehr gibt, wird die Einsamkeit zur Erfahrung. Verstehen Sie? Diese Einsamkeit ist das Ende aller Beziehungen; Ideen spielen keine Rolle mehr, das Denken hat seine Bedeutung verloren. Ich beschreibe es, doch bitte, begnügen Sie sich nicht mit Zuhören, denn hinterher wird Ihnen nichts als Asche geblieben sein. Denn der Zweck dieser Erörterungen ist es, sich tatsächlich von all diesen schrecklichen Verstrickungen zu befreien, etwas anderes im Leben zu haben als Konflikt, als die Angst und den Überdruss und die Langeweile des Daseins.

Wo keine Angst ist, da ist Schönheit, nicht die Schönheit, von der die Dichter sprechen und die der Künstler malt, sondern etwas ganz anderes. Und um Schönheit zu entdecken, muss man diese vollkommene Isolation durchmachen. Oder vielmehr: Sie müssen sie nicht durchmachen, sie ist da. Sie sind ihr entflohen, aber sie ist da, sie folgt Ihnen immer. Sie ist da, in Ihrem Herzen und Ihrem Geist, in den Tiefen und Nischen Ihres Seins. Sie haben sie unterdrückt, sind vor ihr geflohen, davongelaufen, aber sie ist da. Und der Geist muss sie erfahren wie ein reinigendes Feuer. Kann der Geist die Einsamkeit jetzt ohne eine Reaktion durchstehen, ohne zu sagen, das ist ein schrecklicher Zustand? Sobald Sie eine Reaktion zeigen, ist der Konflikt da. Wenn Sie die Einsamkeit akzeptieren, tragen Sie immer noch ihre Last, und wenn Sie sie leugnen, werden Sie ihr immer noch hinter der nächsten Ecke begegnen. Wenn der Geist sich keinerlei Reaktion mehr gestattet, dann ist er selbst diese Einsamkeit; er muss sie nicht durchmachen, er *ist* sie. Sobald Sie denken, Sie müssen sie durchmachen, um etwas anderes zu erreichen, befinden Sie sich wieder in Konflikt. Sobald Sie sagen: „Wie soll ich die Einsamkeit durchmachen, wie soll ich sie wirklich betrachten?", sind Sie wieder in dem Konflikt gefangen.

Da ist also diese Leere, da ist diese außerordentliche Einsamkeit, die kein Meister, kein Guru, keine Idee, keine Beschäftigung Ihnen abnehmen kann. Sie haben alles ausprobiert, mit allem herumgespielt, aber Sie können diese Leere nicht ausfüllen, sie ist ein Loch ohne Boden. Aber in dem Moment, in dem Sie die Einsamkeit erfahren, ist sie kein Loch ohne Boden mehr. Verstehen Sie?

Sehen Sie, wenn der Geist ganz frei von Konflikt sein soll, vollkommen ohne Anspannung, ohne Angst, dann wird er dieses außerordentliche Gefühl erfahren, keine Beziehung zu irgendetwas zu haben. Daraus entsteht ein Gefühl des Alleinseins. Bilden Sie sich bitte nicht ein, dass Sie es haben, es ist sehr schwierig. Doch nur in diesem Gefühl des Alleinseins, in dem keine Angst mehr ist, findet eine Bewegung zum Unermesslichen statt, denn dann gibt es keine Illusion, keinen Stifter von Illusionen, keine Kraft mehr, eine Illusion zu schaffen. Solange es noch einen Konflikt gibt, hat man die Macht, eine Illusion zu schaffen, doch mit dem totalen Enden des Konflikts ist alle Angst verschwunden und es gibt kein Suchen mehr.

Verstehen Sie das? Schließlich sind Sie alle hier, weil Sie etwas suchen. Aber haben Sie sich einmal gefragt, was Sie eigentlich suchen? Sie suchen etwas jenseits all des Konflikts und Elends, jenseits von Leid, Qual und Angst. Sie suchen einen Ausweg. Aber wenn Sie verstehen, worüber wir gesprochen haben, dann hört alles Suchen auf, und das ist ein außerordentlicher Geisteszustand.

Das Leben ist ein Prozess von Herausforderung und Reaktion. Es gibt eine äußerliche Herausforderung – die Herausforderung des Krieges, des Todes, der verschiedensten Dinge –, und darauf reagieren wir. Die Herausforderung ist immer neu, doch alle unsere Reaktionen sind immer alt und konditioniert. Ich weiß nicht, ob Ihnen das klar ist. Wenn ich auf die Herausforderung antworten will, muss ich sie erkennen, nicht wahr? Und wenn ich sie erkenne, dann geschieht es unter dem Eindruck der Vergangenheit, also ist es offensichtlich das Alte. Bitte verstehen Sie das, denn ich will jetzt einen Schritt weitergehen.

Für einen Menschen, der sehr introvertiert ist, spielen die äußeren Herausforderungen keine Rolle mehr, doch er erlebt noch immer seine inneren Herausforderungen und Reaktionen. Ich aber spreche von einem Geist, der nicht mehr sucht und daher keine Herausforderung und Reaktion mehr kennt. Das ist kein zufriedener, satter Zustand wie bei einer Kuh. Wenn Sie die Bedeutung der äußeren Herausforderung und Reaktion und die Bedeutung der inneren, selbst gestellten Herausforderung und ihrer Reaktion verstanden haben und das alles schnell hinter sich gelassen haben, ohne Monate und Jahre dazu zu brauchen, dann wird der Geist nicht länger durch äußere Umstände geformt, er ist nicht mehr beeinflussbar. Der Geist, der diese außerordentliche Revolution durchlebt hat, kann jedem Problem begegnen, ohne dass es Spuren hinterlässt oder Wurzeln schlägt. Dann ist jedes Gefühl der Angst verschwunden.

Ich weiß nicht, wie weit Sie mir folgen konnten. Sie müssen verstehen, dass Zuhören kein einfaches Hören ist, Zuhören ist eine Kunst. All dies gehört zur Selbsterkenntnis, und wenn man wirklich zugehört und tief in sich hineingehorcht hat, ist es eine Reinigung. Und was rein ist, empfängt einen Segen, der nicht der Segen der Kirchen ist.

Madras, 9. Januar 1966

Unser Leben, so wie es ist, unser tägliches Leben, besteht aus Beziehungen. Leben ist Beziehung. In Beziehung zu sein bedeutet Kontakt, nicht nur körperlichen, sondern auch seelischen, emotionalen, intellektuellen Kontakt. Und eine Beziehung ist nur bei großer Zuneigung möglich. Ich habe keine Beziehung zu Ihnen, und Sie haben keine Beziehung zu mir, wenn zwischen uns nur etwas rein Intellektuelles, Verbales besteht. Eine Beziehung ist nur möglich, wenn ein Gefühl des Kontakts, der Verbundenheit vorhanden ist, und das setzt eine große Zuneigung voraus.

Normalerweise ist unsere Beziehung sehr verworren, unglücklich, widersprüchlich und isoliert; jeder versucht um sich herum und innerlich eine Schranke zu errichten, die niemand durchbrechen kann. Prüfen Sie sich selbst, nicht, was Sie sein sollten, sondern was Sie sind. Sie sind so unnahbar, jeder Einzelne von Ihnen, weil Sie so viele Schranken, Ideen, Launen, Erfahrungen, Leiden, Sorgen und Voreingenommenheiten haben. Ihre täglichen Beschäftigungen isolieren Sie: Selbst wenn Sie verheiratet sind und Kinder haben, funktionieren und handeln Sie immer selbstbezogen. Es gibt also tatsächlich im Rahmen einer Lebensgemeinschaft kaum eine Beziehung zwischen Vater und Mutter, zwischen Mann und Frau.

Solange wir nicht eine richtige Beziehung herstellen, wird unser aller Leben individuell wie auch kollektiv ein ständiger Kampf sein. Sie können, wenn Sie Sozialarbeiter oder Sozialist sind, einwenden, dass Sie für die Allgemeinheit arbeiten und sich selbst vergessen, doch in Wirklichkeit vergessen Sie keineswegs sich selbst. Sie können sich nicht vergessen, indem Sie sich mit dem Größeren, mit der Allgemeinheit identifizieren. Das ist kein Akt der Auflösung des „Ich", des Selbst. Im Gegenteil, es ist die Identifikation des „Ich" mit etwas Größerem, und deshalb geht der Kampf weiter. Das ist besonders offensichtlich in den Ländern, wo so viel über die Allgemeinheit, das Kollektiv gesprochen wird. Der Kommunist redet unaufhörlich über das Kollektiv, aber er hat sich mit dem Kollektiv identifiziert. Das Kollektiv wird dann zum „Ich", für das er zu kämpfen bereit ist und für das er jede nur mögliche Folter und Disziplin über sich ergehen lässt, weil er sich mit dem Kollektiv identifiziert hat, so wie der religiöse Mensch sich mit einer Idee identifiziert, die er Gott nennt. Und diese Identifikation ist noch immer das „Ich".

Das Leben ist also Beziehung und basiert auf dem Handeln aus dieser Beziehung heraus. Ich stehe mit Ihnen, meiner Frau, meinem Mann als Teil der Gesellschaft in Beziehung. Meine Beziehung zu Ihnen oder zu meinem Chef führt zu einem Handeln, das nicht nur in erster Linie für mich selbst vorteilhaft ist, sondern auch für die Allgemeinheit, und das Motiv meiner Identifikation mit der Allgemeinheit ist, dass dies auch für mich Vorteile mit sich bringt. Bitte folgen Sie mir: Sie müssen das Motiv Ihres eigenen Handelns verstehen.

Das Leben ist Tag für Tag ein ständiger Kampf. Es besteht aus unaufhörlichem Leid und Chaos, mit einem gelegentlichen Aufflackern von Freude, einem gelegentlichen Gefühl tiefer Zufriedenheit. Solange nicht eine fundamentale Revolution in unserer Beziehung stattfindet, wird der Kampf weitergehen, und in seinem Verlauf gibt es keine Lösung. Bitte sehen Sie das ganz klar. Es gibt keinen Ausweg aus diesem Kampf in der Beziehung, und doch versuchen wir ihn zu finden. Wir sagen nicht: „Die Beziehung muss sich ändern, sie muss sich von Grund auf wandeln.“ Sondern weil wir uns in Konflikt befinden, versuchen wir ihm durch verschiedene philosophische Systeme, durch Trinken, Sex, durch jede Form von intellektueller und emotionaler Unterhaltung zu entfliehen. Solange aber keine radikale innere Revolution in unserer Beziehung stattfindet – in der Beziehung, die unser Leben ist, in der Beziehung, wie sie jetzt ist: „meine Frau“, „meine Gemeinde“, „mein Chef“, „meine Beziehung“ –, solange sich kein radikaler Wandel in der Beziehung vollzieht, können Sie tun, was Sie wollen, die erhabensten Ideen haben, unaufhörlich über Gott reden, doch was Sie auch tun, es hat nicht die geringste Bedeutung, denn alles ist Flucht.

Dann stellt sich das Problem: Wie kann ich, der ich in einer Beziehung lebe, eine radikale Veränderung in dieser Beziehung herbeiführen? Ich kann der Beziehung nicht entfliehen. Ich kann mich hypnotisieren, ich kann mich in ein Kloster zurückziehen, fortlaufen und ein Mönch werden, was auch immer, aber ich existiere trotzdem als Mensch, der in Beziehung lebt. Leben heißt, in Beziehung sein. Das muss ich verstehen und ich muss die Beziehung ändern. Ich muss herausfinden, wie ich eine radikale Veränderung in meiner Beziehung bewirken kann, denn sie führt letztlich zum Krieg; das geschieht in diesem Land zwischen Pakistanern und Hindus, zwischen dem Muslim und dem Hindu, zwischen dem Araber und dem Juden. Es gibt also keine Zuflucht in den Tempel, die Moschee, die christlichen Kirchen, die Diskussion der Vedanta und in alle anderen diversen Systeme. Es gibt keinen Ausweg, es sei denn, dass Sie – als Mensch – Ihre Beziehung radikal ändern.

Und nun kommt das Problem: Wie kann ich, nicht abstrakt, die Beziehung ändern, die zur Zeit auf selbstbezogenen Beschäftigungen und Vergnügungen basiert? Das ist die eigentliche Frage, nicht wahr?

Dies bedeutet, das Verlangen und Vergnügen wirklich zu verstehen, es zu *verstehen*, nicht indem wir sagen: „Ich muss das Verlangen unterdrücken, ich muss mich vom Vergnügen lossagen", wie Sie es seit Jahrhunderten getan haben: „Du musst ohne Verlangen arbeiten" – ich weiß nicht, was das heißen soll; „Du musst wunschlos sein" – das hat keinen Sinn, denn wir sind voller Wünsche, wir brennen vor Verlangen. Es ist nicht gut, das Verlangen zu unterdrücken, es ist immer noch da, aufgestaut, verriegelt. Sie halten Ihr Verlangen unter Kontrolle. Und was passiert? Sie werden hart und rücksichtslos!

Man muss also das Verlangen verstehen und das Vergnügen verstehen, denn unsere inneren Werte und Urteile basieren auf Vergnügen, nicht auf großartigen, strengen Prinzipien, sondern ausschließlich auf Vergnügen. Sie wollen Gott, weil es Ihnen größeres Vergnügen bereitet, diesem monotonen, hässlichen, stumpfsinnigen Leben, das wenig Sinn hat, zu entfliehen. Das aktive Prinzip unseres Lebens ist also Vergnügen. Sie können das Vergnügen nicht ausschalten. Den Sonnenuntergang zu betrachten, die Bäume gegen dieses Licht zu sehen, die Schönheit wahrzunehmen, diese Zartheit erfüllt Sie mit ungeheurer Freude, es ist etwas Wunderbares. Weil wir das Vergnügen geleugnet und unterdrückt haben, haben wir jeden Sinn für Schönheit verloren. In unserem Leben ist keine Schönheit, es gibt darin nichts Schönes, nicht einmal guten Geschmack. Guten Geschmack kann man sich anerziehen, aber Schönheit kann man nicht lernen. Um Schönheit zu verstehen, müssen Sie das Vergnügen verstehen.

Wir müssen also das Vergnügen verstehen, was es bedeutet, wie es entsteht, sein Wesen, seine Erscheinungsformen, wir dürfen es nicht *verleugnen*. Betrügen wir uns doch nicht selbst und sagen: „Meine Werte sind gut, ich habe hohe Ideale." Wenn Sie sich selbst tief innerlich prüfen, werden Sie feststellen, dass Ihre Werte, Ihre Ideen, Ihre Ansichten, Ihre Handlungsweise alle auf Vergnügen basieren. Das wollen wir jetzt untersuchen. Nicht nur verbal oder intellektuell, wir wollen wirklich herausfinden, wie wir mit dem Vergnügen umgehen sollen, wo es am richtigen Platz ist, wo es fehl am Platz ist, ob es etwas taugt oder nicht. Das müssen wir genau untersuchen.

Um das Vergnügen zu verstehen, müssen wir das Verlangen untersuchen. Wir müssen herausfinden, was Verlangen ist, wie es aufkommt, was ihm Dauer verleiht und ob das Verlangen jemals aufhören kann. Wir müssen verstehen, wie es entsteht, warum es immer fortdauert und ob es jemals zu Ende gehen kann – und das sollte es. Bevor wir das nicht wirklich verstehen, ist es sinnlos, sich vorzumachen oder darum zu kämpfen, ohne Verlangen zu sein; es zerstört Ihren Geist, verdreht Ihren Verstand, verbiegt Ihr Wesen. Und um das zu verstehen, brauchen Sie einen sehr gesunden, normalen, klaren Geist, keinen verzerrten Geist, keinen Geist, der verdreht, kontrolliert, geformt und seiner Klarheit beraubt ist.

Wir wollen also herausfinden, wie das Verlangen entsteht. Bitte, passen Sie auf, denn wir werden uns jetzt mit etwas anderem beschäftigen. Wir werden von vorn anfangen, damit Sie verstehen, wohin diese Untersuchung uns führen wird. Wenn Sie dies nicht untersuchen können, werden Sie nicht fähig sein, das andere zu verstehen oder zu untersuchen. Sagen Sie also nicht: „Das werde ich überspringen."

Es ist wirklich ganz einfach zu verstehen, wie das Verlangen entsteht. Ich sehe diesen wunderbaren Sonnenuntergang. Ich sehe diese Schönheit, diese Farbe, die Zartheit der Blätter vor dem Himmel, den dunklen Ast, es weckt in mir das Verlangen, immer weiter zu schauen. Das heißt: Wahrnehmung, Empfindung, Berührung und Verlangen. Richtig? Es ist nicht sehr kompliziert. Ich sehe ein schönes Auto, sauber poliert, mit klaren Linien – Wahrnehmung. Ich berühre es – Empfindung. Und dann: Verlangen. Ich sehe ein schönes Gesicht, und der ganze Mechanismus des Verlangens, der Lust, der Leidenschaft kommt in Gang. Das ist einfach.

Die nächste Frage ist ein wenig komplizierter: Was gibt dem Verlangen Dauer, Kontinuität? Wenn ich das verstehen kann, dann werde ich wissen, wie ich mit dem Verlangen umzugehen habe. Können Sie folgen? Die Schwierigkeit beginnt, wenn das Verlangen Dauer hat. Dann kämpfe ich darum, es zu erfüllen, dann will ich mehr davon. Wenn ich das zeitliche Element des Verlangens herausfinde, dann weiß ich, wie ich mit ihm umgehen kann. Ich werde es Ihnen zeigen.

Wir sehen, wie das Verlangen aufkommt: Wir sehen das Auto, den Sonnenuntergang, ein schönes Gesicht, ein verlockendes Ideal, den vollkommenen Menschen. Wir sehen, wie das Verlangen entsteht. Wir werden untersuchen, was dem Verlangen die Macht, die Kraft gibt, anzudauern. Was verleiht ihm Dauer? Offensichtlich ist es das Denken. Ich sehe das Auto, ich habe ein großes Verlangen danach, und ich sage: „Ich muss es haben." Das Denken, der Gedanke daran, verleiht ihm Dauer. Die Dauer kommt aus dem Vergnügen, das ich empfinde, wenn ich an das Verlangen denke. Richtig? Ich sehe ein schönes Haus, architektonisch und funktionell perfekt, und das Verlangen ist da. Dann kommt das Denken hinzu und sagt: „Ich wünschte, es gehörte mir." Dann der Kampf. Das ganze Problem beginnt. Ich kann es nicht haben, weil ich ein armer Mann bin; das frustriert mich und ich empfinde Hass, und so fängt die ganze Sache an. Also in dem Moment, wenn das Denken als Vergnügen dem Verlangen in die Quere kommt, fängt das Problem an. In dem Moment, wenn das Denken, das auf Vergnügen basiert, sich in das Verlangen einmischt, beginnt das Problem des Konflikts, der Frustration, des Kampfes.

Wenn also der Geist die ganze Struktur des Verlangens und die Struktur des Denkens versteht, dann wird er wissen, wie er mit dem Verlangen umgehen muss. Das heißt, solange das Denken sich nicht in das Verlangen einmischt, hört das Verlangen auf. Verstehen Sie? Ich sehe ein schönes Haus und ich kann sagen, es ist schön. Was ist daran falsch? Das Haus hat gute Proportionen und es ist sauber. Aber in dem Moment, wenn das Denken sagt: „Wie schön wäre es, es zu besitzen und darin zu wohnen", beginnt das ganze Problem. Das Verlangen ist also nicht Unrecht, Verlangen ist niemals Unrecht, aber das Denken, das sich einmischt, schafft das Problem. Doch anstatt das Verlangen zu verstehen und das Denken zu verstehen, versuchen wir, das Verlangen zu unterdrücken, zu kontrollieren oder in Schach zu halten. Richtig?

Ich hoffe, Sie können all dem folgen und hören nicht bloß zu, sondern geben sich ebensolche Mühe wie der Sprecher. Wenn nicht, dann sind Sie nicht beteiligt, Sie hören nur mit einem Ohr zu und zum anderen Ohr geht es wieder heraus, so machen wir es alle. Zuhören bedeutet aufmerksam sein. Und wenn Sie diesen Worten wirklich zuhören, mit Ihrem ganzen Herzen, dann werden Sie es verstehen und dann werden Sie wissen, was Leben bedeutet, eine vollkommen andere Art zu leben.

Wir untersuchen nun den Mechanismus des Denkens. Der Mechanismus des Denkens basiert im Wesentlichen auf Vergnügen, auf Neigungen und Abneigungen. Und in dem Vergnügen steckt immer auch Schmerz. Natürlich! Ich will keinen Schmerz, aber ich möchte, dass das Vergnügen immerfort andauert. Ich will den Schmerz loswerden. Aber wenn ich den Schmerz loswerden will, muss ich auch das Vergnügen loswerden – die beiden lassen sich nicht trennen, sie sind eins. Wenn ich also das Denken verstehe, werde ich herausfinden, ob das Prinzip des Vergnügens durchbrochen werden kann. Verstehen Sie?

Unser Denken basiert auf Vergnügen. Zwar haben wir viel

Schmerz durchlitten, nicht nur körperlich, sondern auch innerlich, viel Kummer, Sorgen, Angst, Schrecken und Verzweiflung, doch all das ist das Resultat dieses Anspruchs, alle Werte im Vergnügen zu erleben und zu verwurzeln. Das soll nicht heißen, dass Sie ohne Vergnügen leben sollen oder dass Sie sich dem Vergnügen hingeben sollen. Aber wenn wir die ganze Struktur des Geistes und Gehirns, die zutiefst im Vergnügen wurzelt, verstehen, dann werden wir wissen, wie man das Verlangen betrachten kann, ohne sich einzumischen. Damit beendet man die Verwirrung und das Leid, die entstehen, wenn man dem Verlangen freien Lauf lässt. Richtig?

Das Denken ist mechanisch. Es ist ein ausgezeichneter Computer. Es hat sehr viel gelernt, hat viele, viele Erfahrungen gemacht, individuelle und kollektive. Es ist im Bewusstsein wie auch im Unbewussten anwesend. Das gesamte Bewusstsein ist der Rückstand, ist der Mechanismus allen Denkens. Und dieses Denken basiert nicht nur auf Nachahmung und Anpassung, sondern immer auch auf Vergnügen. Ich passe mich an, weil es mir Vergnügen macht; ich folge jemandem, weil es mir Vergnügen macht; ich sage: „Er hat Unrecht", weil es mir Vergnügen macht. Wenn ich sage: „Dies ist mein Vaterland, ich bin bereit, für dieses Land zu sterben", dann deshalb, weil es mir Vergnügen bereitet, das wiederum auf dem größeren Vergnügen der Sicherheit basiert, und so weiter.

Das Denken ist also mechanisch. Es spielt keine Rolle, wessen Denken es ist, und sei es das all Ihrer Gurus, Ihrer Lehrer, Ihrer Philosophen. Es ist die Reaktion der angehäuften Erinnerung, und diese Erinnerung, wenn Sie tiefer in sie eindringen, basiert auf diesem Prinzip des Vergnügens. Sie glauben an Atman, die Seele oder an was auch immer; doch wenn Sie tiefer gehen, werden Sie feststellen, dass es Vergnügen ist! Denn das Leben ist so unsicher, da ist der Tod, da ist die Angst, und so hoffen Sie, es gibt etwas noch viel Tieferes, und dem geben

Sie einen Namen; das gibt Ihnen unendlichen Trost, und dieser Trost ist Vergnügen. So beruht das Denken, der Mechanismus des Denkens auf diesem Prinzip, wie komplex, wie subtil, wie originell Sie es auch finden mögen.

Das müssen Sie verstehen, und Sie können es nur verstehen, wenn Sie vollkommen aufmerksam sind. Wenn Sie mit voller Aufmerksamkeit diesen Ausführungen zuhören, werden Sie unverzüglich erkennen, ob es wahr oder falsch ist. Es ist nichts Falsches daran, denn es ist eine Tatsache. Wir haben es mit Tatsachen zu tun, nicht mit Ideen, die wir diskutieren können, oder etwas, worüber Sie die eine oder andere Meinung haben. Es sind Tatsachen, wie hässlich oder schön man sie auch finden mag. Jahrhunderte lang haben wir gedacht und zu uns selbst gesagt: „Denken ist alles." Doch Denken basiert auf Vergnügen, und der Wille ist das Ergebnis von Vergnügen, und wir sagen: „Damit wollen wir alles ändern." Wenn Sie das prüfen, werden Sie finden, dass Sie überhaupt nichts ändern können, bevor Sie nicht das Prinzip des Vergnügens verstehen.

Wenn Sie das alles verstehen, hört der Konflikt auf. Sie beenden den Konflikt nicht absichtlich, der Konflikt hört einfach auf, was nicht bedeutet, dass Sie nur noch dahinvegetieren. Sie müssen das Verlangen verstehen, Tag für Tag beobachten, wie es funktioniert und wie es sich in das Denken einmischt und damit ein zeitliches Element gewinnt. Um diese Dinge zu untersuchen und zu verstehen, braucht man besondere Disziplin. Um diesen Ausführungen zuzuhören, brauchen Sie Disziplin; um nicht nur die Worte zu hören, sondern sie tief in Ihrem Innern aufzunehmen, frei von den gewohnten Schemata. Allein der Akt des Zuhörens ist Disziplin – meinen Sie nicht?

Wenn der Geist das Wesen des Vergnügens, des Denkens, des Verlangens versteht, dann entsteht während dieser Untersuchung bereits Disziplin. Deshalb ist es keine Frage des Genießens oder Nicht-Genießens, des Dürfens oder Nicht-Dürfens – das alles erledigt sich von selbst. Es ist, wie wenn Sie ein Gericht essen, das Ihnen Bauchschmerzen verursacht. Wenn der Genuss des Gaumens größer ist als die Bauchschmerzen, dann essen Sie weiter und sagen gleichzeitig: „Ich sollte das nicht essen." Sie spielen sich selbst einen Streich, aber Sie essen weiter. Aber wenn die Schmerzen stärker werden, dann passen Sie auf, was Sie essen. Wenn Sie jedoch vom ersten Moment an, als die Schmerzen auftraten, aufgepasst hätten, dann wäre Ihnen der Konflikt zwischen Genuss und Schmerz erspart geblieben. Verstehen Sie?

Dies alles führt uns zu einem gewissen Punkt, und der ist: Man muss sich selbst ein Licht sein. Wir sind es aber nicht, wir verlassen uns auf andere. Während Sie zuhören, verlassen Sie sich auf den Sprecher, dass er Ihnen sagt, was Sie tun sollen. Aber wenn Sie ganz aufmerksam zuhören, dann sagt Ihnen der Sprecher nicht, was Sie tun sollen. Er fordert Sie auf zu untersuchen, er sagt Ihnen, wie Sie etwas untersuchen sollen und was es mit dieser Untersuchung auf sich hat. Wenn Sie ganz gründlich untersuchen, sind Sie frei von aller Abhängigkeit und sind sich selbst ein Licht. Das bedeutet, Sie sind ganz allein.

Wir sind nicht allein, wir sind einsam. Sie sind das Resultat vieler Jahrhunderte der Kultur, der Propaganda, von Einflüssen, Klima, Ernährung, Kleidung, von dem, was die Leute gesagt oder nicht gesagt haben: Deshalb sind Sie nicht allein. Sie sind ein Resultat. Und um sich selbst ein Licht zu sein, müssen Sie allein sein. Wenn Sie die gesamte psychische Struktur der Gesellschaft, des Vergnügens, des Konflikts verworfen haben, dann sind Sie allein.

Und dieses Alleinsein ist nicht etwas, wovor Sie sich fürchten müssen, etwas, das schmerzlich ist. Nur wenn man isoliert ist, wenn man einsam ist, dann ist es schmerzlich, dann kommt Sorge auf, dann ist die Angst da. Alleinsein ist etwas ganz anderes, denn es ist nur der Geist, der allein ist, der nicht beeinflussbar ist. Dies bedeutet, dass der Geist das Prinzip des Vergnügens verstanden hat, und deshalb kann nichts ihn berühren, nichts, keine Schmeichelei, kein Ruhm, keine Fähigkeiten, keine Begabung kann ihn berühren. Und dieses Alleinsein ist von entscheidender Bedeutung.

Wenn Sie den Sonnenuntergang aufmerksam betrachten, sind Sie allein – nicht wahr? Schönheit ist immer allein – nicht in einem törichten, isolierenden Sinne. Sie ist die Qualität eines Geistes, der über Propaganda, über persönliche Zuneigung und Abneigung hinausgegangen ist, der nicht durch Vergnügen funktioniert. Ein Geist kann Schönheit nur im Alleinsein wahrnehmen. Der Geist muss diesen außerordentlichen Zustand erreicht haben, wo er nicht mehr beeinflussbar ist und sich deshalb von der Konditionierung seiner Umwelt und der Konditionierung durch Tradition befreit hat. Nur ein solcher Geist kann in seinem Alleinsein weiterhin untersuchen oder beobachten, was Stille ist. Denn nur in der Stille können Sie die Rufe dieser Eulen hören. Wenn Sie mit Ihren Problemen schwatzen, werden Sie diese Eulen nie hören. Denn aus dieser Stille heraus hören Sie. Aus dieser Stille heraus handeln Sie. Und Handeln ist Leben.

Wenn Sie das Verlangen, das Vergnügen, das Denken verstehen, haben Sie jede Autorität verworfen, denn Autorität in jeder Form, innerlich oder äußerlich, hat Sie nirgendwohin geführt. Sie haben innerlich allen Glauben an jegliche Autorität verloren, deshalb sind Sie von niemandem abhängig. Und weil Sie das Denken und das Vergnügen erforscht haben, sind Sie allein. Und zum Alleinsein gehört Stille; Sie können nicht allein sein, wenn Sie nicht still sind. Und aus dieser Stille heraus geschieht das Handeln. Das müssen wir genauer untersuchen.

Für uns basiert das Handeln auf einer Idee in Form eines Prinzips, eines Glaubens oder eines Dogmas, und auf Grund dieser Idee handle ich. Wenn ich dieses Handeln meiner Idee annähern kann, halte ich mich für einen sehr aufrichtigen und noblen Menschen. Aber es besteht immer ein Unterschied zwischen Idee und Handeln, und deshalb kommt es zum Konflikt. Wenn ein Konflikt irgendwelcher Art vorhanden ist, gibt es keine Klarheit. Sie mögen äußerlich sehr fromm sein, ein so genanntes ganz einfaches Leben führen, ein Lendentuch tragen und eine Mahlzeit am Tag zu sich nehmen. Aber das ist kein einfaches Leben. Ein einfaches Leben ist viel anspruchsvoller und viel tiefer als das. Ein einfaches Leben ist ein Leben, in dem es keinen Konflikt gibt.

Die Stille kommt also im Alleinsein, und diese Stille liegt jenseits des Bewusstseins. Bewusstsein ist Vergnügen und Denken – mit all seinen bewussten und unbewussten Mechanismen. In diesem Bereich kann nie Stille sein, und deshalb wird in diesem Bereich jedes Handeln immer Verwirrung stiften, wird immer Kummer und Elend heraufbeschwören.

Nur wenn das Handeln aus dieser Stille hervorgeht, endet das Leid. Solange der Geist nicht vollkommen frei von Leid ist, persönlichem oder anderem, lebt er in Finsternis, in Angst und Sorge. Deshalb wird alles, was er tut, zu Verwirrung führen, und was auch immer seine Wahl ist, wird unweigerlich Konflikt nach sich ziehen. Wenn man das alles versteht, tritt Stille ein, und wo diese Stille ist, da ist Handeln. Die Stille selbst ist Handeln, nicht zuerst Stille und dann Handeln. Wahrscheinlich ist Ihnen das nie geschehen, vollkommen still zu sein. Wenn Sie still sind, können Sie aus dieser Stille heraus sprechen, obwohl Sie keine Erinnerungen, keine Erfahrungen, kein Wissen haben. Wenn Sie kein Wissen hätten, wären Sie überhaupt nicht fähig zu sprechen. Doch wenn Stille herrscht, dann kommt aus dieser Stille das Handeln, und dieses Handeln ist nie kompliziert, nie verwirrt, nie widersprüchlich.

Wenn Sie dieses Prinzip des Vergnügens, des Denkens, des Alleinseins und diese Leere der Stille verstanden haben, wenn

Sie so weit gegangen sind – nicht im zeitlichen Sinne, sondern tatsächlich –, dann ist bei ungeteilter Aufmerksamkeit eine Stille da, in der ein totales Nicht-Handeln stattfindet, doch dieses Nichthandeln ist ein Handeln. Weil es vollkommen inaktiv ist, geschieht eine Explosion. Nur durch diese totale Explosion kann etwas Neues entstehen – etwas Neues, das nicht auf Wiedererkennen basiert und daher nicht erfahrbar ist. Deshalb kann man nicht sagen: „Ich habe erfahren, und du komm her und lerne von mir, wie man eine solche Erfahrung macht."

All diese Dinge kommen natürlich und leicht, wenn wir dieses Phänomen des Daseins verstehen, das Beziehung ist. Beziehung ist für die meisten von uns Verwirrung und Elend; und um eine gewaltige, tiefe Wandlung, eine radikale Veränderung zu bewirken, muss man das Verlangen, das Vergnügen und das Denken verstehen und auch das Wesen des Alleinseins. Denn aus diesem Alleinsein kommt Stille. Und diese Stille, weil sie total inaktiv ist, handelt, wenn sie zum Handeln gefordert wird; doch da sie vollkommen inaktiv und unbeweglich ist, geschieht eine Explosion. Wissenschaftler sagen, dass sich Galaxien bilden, wenn die Materie aufhört, sich zu bewegen, und eine Explosion ausbricht. Nur wenn eine Explosion stattfindet, entsteht ein neuer Geist, ein wahrhaft religiöser Geist. Und nur der religiöse Geist kann menschliche Probleme lösen.

Rishi Valley, 8. November 1967

Was ist Liebe? Können wir sie verbal und intellektuell verstehen, oder ist sie etwas, das man nicht in Worte fassen kann? Was ist das, was jeder von uns Liebe nennt? Ist es eine Empfindung? Ist Liebe ein Gefühl? Kann Liebe in göttliche und menschliche Liebe eingeteilt werden? Ist Liebe mit Eifersucht, Hass oder Konkurrenzgeist vereinbar? Ist das Liebe, wenn jeder von uns seine eigene Sicherheit sucht, sowohl innerlich wie auch in der Außenwelt? Reagieren Sie bitte nicht mit Zustimmung oder Ablehnung, denn es betrifft Sie unmittelbar. Wir sprechen nicht über eine Liebe, die abstrakt ist; eine abstrakte Idee der Liebe hat nicht den geringsten Wert. Sie und ich können eine Menge Theorien darüber haben, aber was ist denn wirklich diese Sache, die wir Liebe nennen?

Wir kennen das Vergnügen, die sexuelle Lust, mit der Beimischung von Eifersucht, von Besitzenwollen, von Herrschsucht, dem Wunsch, festzuhalten, zu kontrollieren, in die Gedanken eines anderen einzudringen. Da wir diese ganze Vielschichtigkeit kennen, sagen wir, es muss eine Liebe geben, die göttlich ist, die schön ist, unberührt, unverdorben; wir meditieren darüber und werden fromm, sentimental, emotional – und wir sind verloren. Weil wir diese menschliche Angelegenheit, die wir Liebe nennen, nicht ergründen können, flüchten wir uns in Abstraktionen, die nicht die geringste Bedeutung haben. Richtig? Was ist also Liebe? Ist sie Vergnügen und Verlangen? Ist sie die Liebe zu dem Einen und nicht den Vielen?

Um diese Frage – was ist Liebe? – zu verstehen, muss man sich mit dem Problem des Vergnügens befassen, des sexuellen Vergnügens oder des Vergnügens, einen anderen zu beherrschen, einen anderen zu kontrollieren oder zu unterdrücken, oder der Frage, ob Liebe nur dem Einen gilt, was die Liebe zu dem Anderen ausschließt. Wenn jemand sagt: „Ich liebe dich", schließt das den Anderen mit ein? Ist Liebe persönlich oder unpersönlich? Wir glauben, wenn jemand eine Person liebt, kann er nicht die ganze Menschheit lieben, und wenn er die Menschheit liebt, dann kann er unmöglich einen Einzelnen lieben. Zeigt das nicht alles, dass wir Ideen darüber haben, was Liebe sein sollte? Da haben wir wieder das Muster, den Code, der von der Kultur, in der wir leben, entwickelt wurde, oder das Muster, das man selbst entwickelt hat. Für uns bedeuten also Ideen viel mehr als die Tatsache; wir haben Ideen darüber, was Liebe ist, was sie sein sollte und was sie nicht ist. Die Heiligen der Religionen haben zum Unglück für die Menschheit behauptet, dass die Liebe zu einer Frau verwerflich ist, dass Sie keine Möglichkeit haben, ihrer Idee von Gott näher zu kommen, wenn Sie jemanden lieben. Das heißt, Sexualität ist ein Tabu; sie wird von den Heiligen verworfen, die sich aber gewöhnlich danach verzehren. Wenn man sich der Frage der Liebe widmen will, muss man als Erstes alle Ideen, alle Ideologien über das, was sie ist oder sein oder nicht sein sollte, sowie die Trennung zwischen göttlich und nicht-göttlich aus dem Weg räumen. Können wir das tun?

*

Können wir – nicht als Reaktion, sondern weil wir diesen ganzen Vorgang der Trennung zwischen Idee und Tatsache verstehen – die Idee vergessen und der Tatsache, der Wirklichkeit ins Gesicht sehen? Wenn nicht, dann ist diese Trennung zwischen dem, was sein sollte, und dem, was ist, die trügerischste Art, mit dem Leben umzugehen. Die Bhagavad Gita, die Bibel, Jesus, Krishna, alle diese Menschen, diese Bücher sagen: „Du sollst, du sollst, du sollst." Das alles sind Ideen, Ideologien, vergessen Sie sie. Erst dann können wir uns der Tatsache zuwenden. Dann können Sie sehen, dass Gefühle nicht das Geringste mit Liebe zu tun haben. Gefühle sind bloße Reaktionen, so wie Neigung und Abneigung. Ich mag Sie und ich bin ganz begeistert von Ihnen. Ich mag diesen Ort, was bedeutet, dass ich den anderen nicht mag, und so weiter. Also führen Gefühle zu Grausamkeit. Haben Sie das schon einmal bedacht? Die Identifikation mit diesem Stück Stoff, das man die Nationalflagge nennt, ist ein emotionaler und sentimentaler Faktor, und dafür sind Sie bereit, andere Menschen zu töten. Das nennt man Liebe zu seinem Land, Liebe zu seinem Nächsten. Wo Sentimentalität und Emotionen ins Spiel kommen, ist keine Liebe. Emotionen und Sentimentalität sind es, welche die Grausamkeit von Neigung und Abneigung hervorrufen. Und man kann auch beobachten, dass Eifersucht die Liebe ausschließt. Natürlich! Ich beneide Sie, weil Sie eine bessere Position, einen besseren Job, ein besseres Haus haben. Sie sehen besser aus, Sie sind intelligenter, aufgeweckter – und ich beneide Sie. Ich sage nicht geradeheraus, ich bin neidisch auf Sie, aber ich wetteifere mit Ihnen, was eine Form von Eifersucht oder Neid ist. Also sind Eifersucht und Neid nicht Liebe, und ich lösche sie aus. Ich spreche nicht darüber, wie ich sie auslöschen sollte, und bin in der Zwischenzeit weiterhin neidisch, sondern ich wasche sie weg, wie der Regen den Staub vieler Tage von einem Blatt wäscht, ich wasche sie einfach weg.

Ist Liebe Vergnügen, Verlangen, Sex? Sehen Sie nur, was man alles unter diesem Begriff versteht! Ist Liebe Vergnügen? Sie wissen, wie beladen dieses Wort ist: „Ich liebe mein Vaterland, ich liebe dieses Buch, ich liebe dieses Tal, ich liebe meinen König, ich liebe meine Frau, ich liebe Gott." Das Wort ist so schwer beladen. Können wir das Wort, da wir es nun einmal gebrauchen müssen, von all den Verkrustungen der Jahrhunderte befreien? Wir können es nur, wenn wir uns fragen: Ist Liebe Vergnügen und Verlangen? Wie wir schon sagten, unser Verhalten basiert auf dem Prinzip des Vergnügens; sogar wenn wir ein Opfer bringen, tun wir es, weil es uns Vergnügen macht. Sie können es das ganze Leben hindurch beobachten. Wir benehmen uns auf eine bestimmte Art und Weise, weil es uns im Grunde gefällt. Und wenn wir nicht viel darüber nachgedacht haben, sagen wir, dass Liebe Vergnügen ist. Deshalb wollen wir jetzt herausfinden, ob Liebe etwas ist, das über Vergnügen hinausgeht und daher auch das Vergnügen mit einbegreift.

Was ist Vergnügen? Von hier, wo ich sitze, kann ich durch eine Lücke zwischen den Bäumen einen Berg sehen, mit einem Felsen auf seiner Kuppe. Es erinnert ein wenig an eine italienische Landschaft, mit einem Schloss und einem Dorf auf einem Berg. Ich kann die Blumen sehen, deren Blätter im Sonnenschein glitzern. Es ist eine große Freude, es ist ein großes Vergnügen. Nicht wahr? Dieser Anblick ist wirklich wunderschön. Es ist die Wahrnehmung und die ungeheure Freude daran. Das ist Vergnügen, nicht wahr? Und was ist daran falsch? Ich schaue sie an, und der Geist sagt: „Wie bezaubernd! Ich wünschte, ich könnte das immer sehen, nicht in schmutzigen Städten wohnen, sondern hier ruhig leben und mich einrichten." Ich wünsche mir, dass es sich wiederholt, und morgen werde ich wiederkommen und hier sitzen und mir das anschauen. Weil es mich gestern erfreut hat, will ich es heute wieder genießen. Es liegt also Vergnügen in der Wiederholung, nicht wahr? Gestern hatte ich den sexuellen Genuss, und ich will, dass er sich heute und morgen wiederholt. Nicht wahr? Ich sehe diese Landschaft auf dem Hügel, die Bäume, die Blumen, und in diesem Moment ist es ein vollkommener Genuss: der Genuss dieser großen Schönheit. Was soll daran falsch sein? Nichts ist falsch daran, aber wenn das Denken hinzukommt und sagt: „Himmel, wie herrlich war das, das wünsche ich mir noch einmal", dann ist diese Wiederholung der Anfang des Verlangens, der Aussicht auf Vergnügen, auf morgen. Dann wird das Vergnügen von morgen etwas Mechanisches. Das Denken ist immer mechanisch: Es malt sich ein Bild von diesem Hügel, diesen Bäumen; es ist die Erinnerung an all das, und das Vergnügen, das ich hatte, muss wiederholt werden. Diese Wiederholung ist die Fortsetzung des Verlangens, gestärkt vom Denken. Wir sagen: „Liebe ist Vergnügen, Liebe ist Verlangen", aber ist sie das? Ist Liebe das Produkt des Denkens? Das Produkt des Denkens ist die Fortsetzung des Verlangens in Form von Vergnügen. Das Denken hat dieses Vergnügen hervorgebracht, als es daran dachte, was gestern vergnüglich war, und ich will, dass es sich heute wiederholt.

Ist also Liebe eine Fortsetzung des Denkens, oder hat das Denken etwa gar nichts mit Liebe zu tun? Man kann behaupten, dass das Denken nichts mit Liebe zu tun hat, aber das kann man nur authentisch sagen, wenn man die Frage des Vergnügens, Verlangens, der Zeit und des Denkens verstanden hat – und das bedeutet Freiheit. Nur in Freiheit kann unser Verhalten unmittelbar sein. Ein ständig wiederholtes Verhalten, das Verhalten nach einem Muster, führt nicht nur zu einer mechanischen, eintönigen Beziehung, sondern zu Unordnung, und in dieser ist ein Zeitelement enthalten. Wir fragen, ob es ein Verhalten gibt, das vollkommen frei ist, in jeder Minute, jeder Sekunde. Nur dieses in jedem Moment vollkommene Verhalten ist Tugend, die keine Kontinuität von gestern zu morgen kennt.

Freiheit liegt im Moment des Handelns, das ein Verhalten ist. Es hat keine Beziehung zu gestern oder morgen. Bitte betrachten Sie es einmal anders. Hat Liebe Wurzeln im Gestern und Morgen? Was im Gestern wurzelt, ist das Denken. Das Denken ist die Antwort der Erinnerung, und wenn Liebe bloße Erinnerung ist, dann ist sie offensichtlich nicht echt. Wenn ich Sie liebe, weil Sie gestern nett zu mir waren, oder wenn ich Sie nicht mag, weil Sie mir zu diesem oder jenem keine Gelegenheit gaben, dann ist das eine Form des Denkens, das akzeptiert und ablehnt.

Kann es eine Liebe geben, die keine Emotion und keine seelische Empfindung kennt, die nicht der Zeit unterliegt? Das ist keine Theorie, sondern eine Tatsache, wenn Sie sich ihr wirklich stellen. Dann werden Sie feststellen, dass eine solche Liebe sowohl persönlich wie unpersönlich ist, sowohl dem Einen wie den Vielen gilt. Sie ist wie die duftende Blume, Sie können an ihr riechen oder an ihr vorübergehen. Diese Blume ist für jeden da, und für den Einen, der sich die Mühe nimmt, ihren Duft tief einzuatmen und sie anzuschauen, ist sie eine große Freude.

Wollen wir jetzt darüber sprechen, Fragen stellen und noch etwas tiefer und mehr ins Detail gehen?

Fragesteller: Wenn man sich in einem Konflikt befindet, weil man bedrängt wird, ist es unmöglich, diesen Zustand zu erreichen, in dem Liebe nicht persönlich ist. In diesem Zustand verschwindet das Wort *Liebe* vollständig, und wir gebrauchen viele andere Wörter. Können wir darüber sprechen?

Krishnamurti: Wenn es keinen Konflikt in der Liebe gibt, wenn sie unpersönlich ist, würden Sie ihr dann einen anderen Namen geben? Sir, sehen Sie, wir benutzen wieder das Wort *Konflikt.* Wann kommt es in der Liebe zum Konflikt? Das ist eine schreckliche Frage, nicht wahr? Sehen Sie das? Es ist eine schreckliche Feststellung, dass es in der Liebe Konflikt gibt. Alle unsere menschlichen Beziehungen sind voller Konflikt, mit der Ehefrau, dem Ehemann, mit dem Nachbarn und so weiter. Warum existiert überhaupt Konflikt zwischen zwei Menschen, zwischen Mann und Frau, in der Beziehung, die wir Liebe nennen? Warum? Was bedeutet das Wort *Beziehung*, „in Beziehung sein", was bedeutet es? Ich habe eine Beziehung zu Ihnen, das heißt, dass ich Sie berühren kann, körperlich oder geistig-seelisch. Wir begegnen einander, es gibt keine Schranke zwischen uns, sofort ist ein Kontakt da, wie wenn ich jetzt dieses Mikrophon berühre. Aber in der menschlichen Beziehung gibt es diesen unmittelbaren Kontakt nicht, weil Sie, der Mann oder seine Frau, sich ein Bild von der Frau oder dem Mann gemacht haben. Haben Sie nicht ein Bild von dem Sprecher? Offensichtlich doch! Sonst würden viele von Ihnen gar nicht zuhören. Also haben Sie eine Beziehung zu dem Bild, und wenn das Bild nicht Ihrem Muster entspricht, dann sagen Sie: „Er ist nicht der richtige Mann." Sie haben in Wirklichkeit überhaupt keinen Kontakt mit dem Sprecher. Sie haben Kontakt mit dem Bild, das Sie sich von dem Sprecher gemacht haben, so wie Sie auch ein Bild von Ihrer Frau und Ihrem Mann haben, und der Kontakt, die Beziehung zwischen diesen beiden Bildern ist das, was Sie Beziehung nennen. Der Konflikt besteht zwischen diesen zwei Bildern, und solange diese Bilder existieren, muss es Konflikt geben. Wenn es aber überhaupt kein Bild gibt, was ganz ungewöhnlich ist – und damit müssen wir uns ganz eingehend befassen –, wenn überhaupt kein Bild existiert, dann gibt es keinen Konflikt. Wenn Sie kein Bild von mir und ich kein Bild von Ihnen habe – dann begegnen wir uns. Aber wenn Sie behaupten, ich sei ein Fremder und Sie sind ein dogmatischer Hindu, durchdrungen von Tradition, ja, dann wird es unmöglich. Wo also Liebe ist, da ist kein Konflikt, denn Liebe hat kein Bild. Liebe macht sich keine Bilder, denn Liebe ist unberührt vom Denken. Liebe ist unabhängig von Zeit.

Wie Sie schon sagten, wir sind Sklaven von Worten, so wie

wir Sklaven von Bildern, von Symbolen sind. Das Wort, das Symbol, ist nicht das Wirkliche, und um das Wirkliche zu finden, das Wirkliche zu sehen, muss man frei sein vom Wort und vom Symbol.

F: Kann es in der Liebe Spontaneität geben?

K: Nun, ich weiß nicht, was Sie mit den Wörtern *Liebe* und *Spontaneität* meinen. Sind wir jemals spontan? Gibt es so etwas wie spontan sein? Sind Sie jemals spontan gewesen? Sind Sie es? Ah, warten Sie, sagen Sie nicht ja oder nein. Sehen Sie, was das Wort bedeutet. Spontan sein bedeutet: Sie sind nie konditioniert worden, Sie reagieren nicht, Sie sind nicht beeinflusst, das heißt, Sie sind wirklich ein freier Mensch, ohne Zorn, Hass, ohne einen Zweck zu verfolgen. Können Sie so frei sein? Nur dann können Sie sagen: „Ich bin spontan." Wirklich spontan zu sein, das bedeutet nicht nur, das oberflächliche Bewusstsein, sondern auch die tieferen Schichten des Bewusstseins zu verstehen, denn alles Bewusstsein ist das Verhalten nach einem Muster. Alles Handeln im Bereich des Bewusstseins ist begrenzt, und deshalb kann keine Handlung frei und spontan sein.

Claremont College, Kalifornien, 17. November 1968

Wir haben es nicht mit Abstraktionen zu tun, nicht mit Idealen, die ohnedies idiotisch sind, sondern mit dem, was tatsächlich „ist", mit unserem Leben. Wenn Sie unser Leben betrachten, dann ist es – von dem Moment unserer Geburt an, bis wir sterben – ein ständiger Kampf, ein ständiges Ringen, mit manchem Erfreulichen, mit großen Ängsten, Verzweiflung, Einsamkeit, völligem Mangel an Liebe, Langeweile, Wiederholung und Routine. Das ist unser Leben. Wir verbringen vierzig Jahre in einem Büro oder in einer Fabrik oder sind Hausfrau, mit all der eintönigen Arbeit und Langeweile, mit sexuellem Vergnügen, Eifersucht, Neid, mit Erfolglosigkeit und der Anbetung des Erfolgs. Das ist unser tägliches, mühseliges Leben, wenn Sie einmal in allem Ernst beobachten, was tatsächlich stattfindet. Doch wenn Sie nur Unterhaltung in verschiedenen Formen suchen, sei es in einer Kirche oder auf einem Fußballplatz, dann bringt jede Unterhaltung ihren eigenen Schmerz und ihre eigenen Probleme mit sich. Ein oberflächlicher Geist flüchtet sich in die Kirche oder auf den Fußballplatz. Wir geben uns nicht mit solchen oberflächlichen Geistern ab, denn sie sind nicht wirklich interessiert. Das Leben ist ernst, und in diesem Ernst gibt es auch viel zu lachen. Und nur ein ernster Geist ist lebendig und kann die überwältigenden Probleme des Daseins lösen.

*

Ich werde es kurz erklären, und ich hoffe, damit wird es klar. Man ist konditioniert, den Neid zu akzeptieren, Neid als Maßstab, als Vergleich. Jemand ist aufgeweckt, intelligent, erfolgreich, er wird gelobt und der andere, etwa ich, nicht. Durch Vergleichen und Sichmessen wird der Neid von Kind an herangezüchtet. Wir haben also den Neid als Objekt, als etwas außerhalb unserer selbst. Neidisch, wie wir sind, beobachten wir ihn, und der Neid ist der Beobachter; es gibt keine Trennung zwischen dem Beobachter und dem Beobachteten. Der Beobachter ist der Neid. Bitte folgen Sie mir jetzt ein Weilchen. Und er erkennt, dass der Beobachter unmöglich etwas gegen den Neid tun kann, denn er selbst ist die Ursache *und* die Wirkung, die Neid ist. Folglich ist das, „was ist", unser tägliches Leben mit all seinen Problemen – Angst, Neid, Eifersucht, tiefste Verzweiflung, Einsamkeit –, nicht verschieden von dem Beobachter, der „Ich bin einsam" sagt. Der Beobachter ist einsam, der Beobachter ist Neid, ist Angst.

Richtig? Und deshalb kann der Beobachter nicht das Geringste an dem, „was ist", ändern, was nicht heißen soll, dass er mit dem, „was ist", zufrieden ist. Doch wenn es mit dem, „was ist", keinen Konflikt gibt, keinen Konflikt verursacht durch die Trennung zwischen dem Beobachter und dem Beobachteten, wenn es keinen Widerstand gegen das gibt, „was ist", dann werden Sie feststellen, dass etwas sich vollkommen verändert hat. Und das ist Meditation – für sich selbst die ganze Frage des Beobachters herauszufinden, die Struktur und das Wesen des Beobachters, der Sie selbst sind. Und der Beobachter ist das Beobachtete, welches ein Teil von Ihnen ist. Diese Totalität, diese Einheit zu erkennen, ist Meditation, in der es keine Spur von Konflikt mehr gibt. Und damit, im Überschreiten der Grenze dessen, „was ist", löst der Konflikt sich auf.

Aus dem Band „Tradition and Revolution“, Rishi Valley, 28. Januar 1971

Krishnamurti: Was bedeutet für Sie Beziehung?

Fragesteller: In Kommunikation zu sein.

K: Was bedeutet für Sie Beziehung? Wenn Sie mich ansehen, wenn Sie diese Frau ansehen, wie sieht Ihre Beziehung zu mir, zu ihr aus? Ist sie überhaupt vorhanden?

F: Ich glaube, ja.

K: Wir wollen es einmal untersuchen. Ich sehe Sie an, Sie sehen mich an. Wie ist unsere Beziehung? Gibt es überhaupt eine Beziehung zwischen uns, außer in Worten?

F: Man hat das Gefühl einer Beziehung, wenn man sich auf etwas zu bewegt.

K: Wenn wir beide uns auf ein Ideal zu bewegen, gemeinsam auf einen Punkt hin, ist das Beziehung? Kann es eine Beziehung geben, wenn jeder isoliert ist?

F: Ihre vorhergehende Frage war: Ist eine Beziehung möglich, wenn es einen Mittelpunkt gibt?

K: Wenn ich bewusst oder unbewusst einen Schutzwall, eine

Mauer des Widerstands um mich errichtet habe, um mich selbst zu schützen und vor Verletzungen sicher zu sein, ist dann überhaupt eine Beziehung möglich? Überlegen Sie einmal. Ich habe Angst, weil ich körperlich und seelisch verletzt wurde. Mein ganzes Wesen ist verletzt, und ich will nicht mehr verletzt werden. Ich baue eine Mauer des Widerstands, der Abwehr um mich herum, ein „ich weiß, du weißt nicht", um mich vollkommen sicher vor künftigen Verletzungen zu fühlen. Wie sieht in diesem Zustand meine Beziehung zu Ihnen aus? Gibt es sie überhaupt?

F: Was verstehen Sie unter einer Beziehung im normalen täglichen Leben?

K: Warum fragen Sie mich? Sehen Sie sich selbst an. Was findet in Ihrem normalen täglichen Leben statt? Sie gehen ins Büro, Sie werden von einem Vorgesetzten unterdrückt und beleidigt. Das ist Ihre Beziehung. Mit Ihrem verletzten Stolz kommen Sie nach Hause, und Ihre Frau sagt, du bist so oder so, und Sie ziehen sich tiefer in sich selbst zurück und Sie schlafen mit ihr – haben Sie so überhaupt eine Beziehung zueinander?

F: Das heißt, wenn der Mittelpunkt da ist, gibt es überhaupt keine Beziehung.

F: Aber normalerweise hat man den guten Willen.

K: Aber habe ich den guten Willen, wenn ich diese Mauer des Widerstands errichtet habe, diese Barrikade, hinter der ich mich verschanze? Was ist mein guter Wille Ihnen gegenüber? Ich bin höflich. Ich halte Distanz. Aber ich bleibe immer hinter der Mauer.

F: Aber selbst im Leben eines Durchschnittsmenschen gibt es Beziehungen außerhalb dieser Mauern.

F: Sie sagen, es gibt keine Beziehung. Tatsache ist, dass ich mich zu einer Beziehung verpflichtet fühle. Man fühlt sich einander verpflichtet. Ich handle nicht aus Eigeninteresse, sondern nur im Interesse des anderen Menschen.

K: Sie sagen, Sie handeln im Interesse des anderen. Stimmt das? Ich folge dem Mann, der hofft, die Gesellschaft zu revolutionieren, innerlich und äußerlich, und ich folge ihm und gehorche ihm. Ich verpflichte mich zu einer Handlungsweise, die der Revolutionär und ich übereinstimmend für notwendig halten. Gibt es eine Beziehung zwischen mir und dem Mann, der für das gleiche Ziel arbeitet? Was bedeutet Beziehung? In Kontakt mit jemandem zu sein, in unmittelbarer Nähe?

F: Der entscheidende Punkt in dieser Beziehung ist der Nutzen.

K: Unsere Beziehung wird vom Nützlichkeitsprinzip bestimmt.

F: Unter diesem Gesichtspunkt ist es keine Beziehung.

K: Sie beantworten nicht die grundlegende Frage, und die lautet: Gibt es, solange Sie sich zu einer bestimmten Handlungsweise verpflichtet haben, eine Beziehung zwischen Ihnen und mir?

F: Ist Beziehung also nur eine Idee?

K: Eine Idee, ein Rezept, ein Verhaltensmuster, ein Ziel, ein Prinzip, eine Utopie, etwas, worauf wir alle uns einigen. Aber ist das eine Beziehung?

F: Gibt es denn keine Beziehung zwischen zwei Menschen?

K: Das ist wirklich ein enormes Problem. Wie ich schon sagte: Was ist die Beziehung zwischen einem Gedanken und einem anderen, einer Handlung und einer anderen? Oder ist das Handeln unaufhörlich in Bewegung und mit nichts anderem verbunden, und hat deshalb keine Handlung Beziehung zu einer anderen? Habe ich eine Beziehung zu diesem Baum, den ich anschaue? Ist Beziehung eine Entfernung zwischen mir als dem Beobachter und dem Baum? Die Entfernung kann einen Meter oder hundert Meter betragen, aber wenn zwischen dem Beobachter und dem Beobachteten eine Entfernung liegt, ist da eine Beziehung möglich? Wenn ich verheiratet bin und mir ein Bild von meiner Frau gemacht habe und sie sich ein Bild von mir gemacht hat, dann ist das Bild der Faktor der Entfernung. Kann die Beziehung zu meiner Frau überhaupt anders als körperlich sein? Wir können zusammenarbeiten, um etwas Bestimmtes zu tun. Das führt uns zusammen, aber ich habe meine eigenen Sorgen, sie hat ihre eigenen Ängste. Wir arbeiten zusammen, aber sind wir einander verbunden, auch wenn wir für eine Idee zusammenarbeiten?

F: Sir, den Punkt mit der Zusammenarbeit habe ich verstanden, aber das andere nicht.

K: Einen Moment bitte. Um die Rakete zu bauen, brauchte man, so glaube ich, dreihunderttausend Leute, jeder Einzelne von ihnen arbeitete mit dem Ziel, den perfekten Mechanismus zu schaffen. Sie haben eine perfekte Rakete gebaut, und jeder Mann hat seine Eigenart aus dem Spiel gelassen, und so entstand etwas, das Kooperation genannt wurde. Aber ist das wirklich Kooperation? Sie und ich arbeiten zusammen, um ein Haus zu bauen. Wir beide haben ein gemeinsames Motiv, aber Sie und ich sind getrennte menschliche Wesen. Ist das Kooperation? Wenn ich den Baum anschaue, sehe ich eine Entfernung zwischen mir und dem Baum, und ich habe keine Beziehung zu ihm. Die Entfernung ist nicht durch den physischen Raum, sondern durch Wissen entstanden. Was ist also Beziehung, was Kooperation, und was ist der Faktor der Trennung?

F: Bilder in der einen oder anderen Form wirken trennend.

K: Langsam! Da ist der Baum. Ich schaue ihn an. Die physische Entfernung zwischen mir und dem Baum beträgt vielleicht nur ein paar Meter, doch die tatsächliche Entfernung zwischen mir und dem Baum ist riesengroß. Obwohl ich ihn anschaue, sind meine Augen, mein Geist, mein Herz und alles sehr, sehr weit weg. Diese Entfernung ist unmessbar. Und genauso sehe ich meine Frau an und bin sehr weit weg von ihr. Ebenso weit entfernt bin ich bei dem kooperativen Handeln.

F: Ist das Wort, das Bild dabei im Weg?

K: Das werden wir herausfinden. Da ist das Wort, das Bild und das Ziel, auf das hin wir beide zusammenarbeiten. Was trennend ist, ist das Ziel. Was Sie und mich trennt, ist das Ziel.

F: Aber was den Baum betrifft, gibt es kein Ziel.

K: Bleiben Sie dabei. Springen Sie nicht. Wir glauben, dass die Zusammenarbeit für ein gemeinsames Ziel uns in Kontakt gebracht hat. Doch tatsächlich trennt uns das Ziel.

F: Nein. Wie können Sie sagen, dass das Ziel uns trennt?

K: Ich weiß es nicht. Ich kann mich irren. Wir untersuchen das. Sie und ich haben ein Ziel, wir arbeiten zusammen.

F: Ist es eine Frage des Werdens?

K: Sehen Sie es sich an. Ich sage, Ziele trennen Menschen. Ein Ziel bringt die Menschen nicht zusammen. Ihr Ziel und mein Ziel sind verschieden, sie haben uns getrennt. Das Ziel selbst hat uns getrennt, nicht die Zusammenarbeit, die für das Ziel belanglos ist.

F: Ich mache eine Ausnahme: Wo zwei Menschen zusammenkommen, weil ihnen etwas Freude macht, ist es etwas anderes.

K: Nein. Wenn zwei Menschen aus Zuneigung, Liebe und aus Freude aneinander zusammenkommen, was ist dann das Handeln, das nicht dazwischen gerät, das nicht trennt? Ich liebe Sie, Sie lieben mich, und was ist das Handeln aus dieser Liebe heraus? Kein Ziel? Was ist Handeln zwischen zwei Menschen, die lieben?

F: Wenn zwei Menschen in Zuneigung zusammenkommen, dann mag das ein Ergebnis bringen, aber sie kommen nicht um des Ergebnisses willen zusammen. Deshalb ist in jedem derartigen Zusammenkommen keine Trennung. Doch wenn zwei Menschen für ein Ziel zusammenkommen, dann ist dieses ein trennender Faktor.

K: Wir haben etwas entdeckt. Bohren Sie tiefer. Ich stelle fest, wenn zwei Menschen aus Zuneigung zusammenkommen, die kein Ziel haben, keinen Zweck, keine Utopie, dann sind sie nicht getrennt. Dann verschwindet jeder Status, und es bleibt nur Funktion. Dann werde ich den Garten pflegen, denn er ist ein Teil der Arbeiten, die an diesem Ort getan werden müssen.

F: Die Liebe zu dem Ort.

K: Nein, *Liebe.* Nicht die Liebe zum Ort. Sehen Sie, was Ihnen entgeht? Ziele trennen Menschen – ein Ziel, ein Rezept, ein Vorhaben, ein Ideal. Ich will sehen, was es bedeutet. Ich sehe, welche Folgen es hat. Ich erkenne, dass, solange ich ein Ziel, einen Zweck, ein Prinzip, eine Utopie habe, eben dieses Ziel, dieses Prinzip die Menschen trennt. Deshalb ist es für mich erledigt. Dann frage ich mich, wie ich ohne ein Ziel leben und mit Ihnen arbeiten soll?

Ich sehe, dass Beziehung bedeutet, in engem Kontakt zu sein, so dass es keine Entfernung zwischen zwei Menschen gibt. Richtig? Und ich sehe, dass in der Beziehung zu dem Baum und mir, der Blume und mir, meiner Frau und mir eine physische Distanz besteht, aber insbesondere eine geistige Distanz. Und ich erkenne, dass ich überhaupt keine Beziehung habe.

Was soll ich also tun? Ich sage: „Identifiziere dich mit dem Baum", „Widme dich deiner Familie", „Gebt euch hin, verleugnet euch für das Ziel und arbeitet zusammen." Alle Intellektuellen sagen: „Das Ziel ist wichtiger als du, das Ganze ist größer als du, so gib dich auf, gib dich bedingungslos deiner Frau, diesem Baum, der Welt hin."

Was tue ich? Ich liebe die Natur. Ich engagiere mich für die Natur, die Familie und für die Idee, dass wir alle für ein Ziel zusammenarbeiten müssen. Was geschieht, wenn ich das alles tue?

F: Ich isoliere mich.

K: Nein, Sir, sehen Sie, was passiert.

F: Die Tatsache ist, ich habe keine Beziehung. Ich bemühe mich, eine Beziehung aufzubauen, die Lücke zwischen zwei Denkweisen zu überbrücken. Ich muss diese Brücke bauen, denn wenn ich es nicht tue, fühle ich mich total isoliert. Ich fühle mich verloren.

K: Das ist nur ein Teil davon. Gehen Sie noch ein wenig tiefer. Was geschieht mit meinem Geist, wenn er sich bemüht, sich für alles einzusetzen, für die Familie, die Natur, die Schönheit, die Zusammenarbeit?

F: Es kommt zu vielen Konflikten, Sir.

K: Wie A bemerkt hat, erkenne ich, dass ich zu nichts eine Beziehung habe. Zu diesem Schluss bin ich gekommen. Dann sehne ich mich, weil ich zu nichts eine Beziehung habe, nach dieser Beziehung; deshalb engagiere ich mich, deshalb stürze ich mich in Aktivitäten, doch ich bleibe isoliert. Was geht in meinem Geist vor?

F: Tod.

F: Ein ständiger Kampf.

K: Sehen Sie, Sie haben sich nicht von diesem Punkt entfernt. Ich habe keine Beziehung, und dann versuche ich, eine Beziehung herzustellen. Ich versuche, mich durch mein Handeln zu identifizieren. Was geht in meinem Kopf vor? Ich gehe oberflächliche Bindungen ein. Was geschieht meinem Geist, wenn er sich ständig äußerlichen Dingen zuwendet?

F: Der Geist wird gestärkt.

F: Ich fliehe vor mir selbst.

K: Was bedeutet das? Beobachten Sie das. Die Natur wird sehr wichtig, die Familie wird sehr wichtig, das Handeln, dem ich mich völlig hingegeben habe, wird das Allerwichtigste, und was ist mit mir geschehen? Ich habe alles vollkommen veräußerlicht. Was ist jetzt mit dem Geist passiert, der den ganzen Vorgang der Beziehung nach außen verlegt hat? Was passiert mit Ihrem Geist, wenn er mit dem Äußerlichen, mit der Peripherie beschäftigt ist?

F: Er hat alle Sensibilität verloren.

K: Achten Sie auf das, was in Ihrem Innern geschieht. Als Reaktion auf die Veräußerlichung ziehen Sie sich zurück, Sie werden ein Mönch. Was geschieht mit dem Geist, wenn er sich zurückzieht?

F: Ich bin unfähig, spontan zu sein.

K: Sie werden die Antwort finden. Schauen Sie in sich hinein. Was geschieht mit Ihrem Geist, wenn Sie sich zurückziehen oder wenn Sie sich engagieren? Was geschieht, wenn Sie sich in Ihre eigenen Schlussfolgerungen zurückziehen? Es ist eine andere Welt. Anstatt einer einzigen Welt schaffen Sie sich eine andere Welt, die Sie die Innenwelt nennen.

F: Der Geist ist nicht frei.

K: Ist es das, was mit Ihrem Geist geschieht?

F: Er ist immer engagiert.

K: Der Geist geht in den äußeren Phänomenen auf, und die Reaktion darauf ist das innere Engagement, der Rückzug nach innen. Das innere Engagement ist die Reaktion Ihrer eigenen

Vorstellungswelt, der mystischen Erfahrung. Was geschieht mit dem Geist, der das tut?

F: Er ist beschäftigt.

K: Ist es das, was passiert? Sie sagen, er ist beschäftigt. Ist das alles? Der Geist verlegt seine Aktivität nach außen, und dann zieht er sich zurück und handelt. Was geschieht mit der Qualität des Geistes, des Gehirns, das sich zurückzieht und sich Äußerlichkeiten widmet?

F: Er stellt sich nicht den Tatsachen.

F: Er hat große Angst. Er stumpft ab.

F: Er ist nicht frei, um zu beobachten.

K: Haben Sie Ihren Geist beobachtet, wenn er alles Handeln nach außen verlegt und alles Handeln nach innen? Es ist die gleiche Bewegung – die äußere und die innere. Wie Ebbe und Flut, hinaus und herein. Ist es nicht ganz einfach? Was geschieht mit dem Geist, der heraus- und hineingeht?

F: Er wird mechanisch.

K: Er ist ein Geist ohne jeden Halt, völlig labil, ein Geist, in dem keine Ordnung ist. Er wird neurotisch, unausgeglichen, unbeständig, unharmonisch und destruktiv, weil in der ganzen Bewegung keine Beständigkeit ist.

F: Er ist ruhelos.

K: Deshalb hat der Geist keine Beständigkeit. Was geschieht?

Er erfindet eine andere äußere Handlung, oder er zieht sich zurück. Und das Gehirn braucht Ordnung, Ordnung bedeutet Beständigkeit. Er versucht, dort draußen in einer Beziehung Ordnung zu finden, und er findet sie nicht. Also zieht er sich zurück und versucht im Innern Ordnung zu finden, und wieder ist er in dem gleichen Prozess gefangen. Stimmt das nicht?

Der Geist versucht, Beständigkeit im kooperativen Handeln für irgendeinen Zweck zu finden. Der Geist versucht, Beständigkeit in der Familie, im Engagement zu finden, und er findet sie nicht, und so überträgt er es auf etwas anderes, sucht Beziehung mit der Natur, entwickelt Phantasie, wird romantisch, und das führt wiederum zu Unbeständigkeit. Er zieht sich in eine Welt unendlicher Schlussfolgerungen, Utopien, Hoffnungen zurück, und wieder findet er keine Beständigkeit. Und deshalb erfindet er darin eine Ordnung. Der Geist, der unbeständig, eng, in nichts verwurzelt ist, verirrt sich. Geschieht das mit Ihnen?

F: Das erklärt den Kult der Schönheit.

K: Den Kult der Schönheit, den Kult des Hässlichen, den Kult der Hippies. Geschieht das in Ihrem Geist? Passen Sie auf. Akzeptieren Sie nicht, was ich sage.

Ein Geist, der nicht beständig ist im Sinne von gefestigt, der nicht tief in Ordnung verwurzelt ist – keine erfundene Ordnung, denn eine erfundene Ordnung kann nur tot sein –, ein solcher Geist ist äußerst destruktiv. Er geht vom Kommunismus zu einem Guru, zu Yoga Vaschista, zu Ramana Maharshi und wieder zurück. Er ist im Kult der Schönheit gefangen oder im Kult des Hässlichen, im Kult der Frömmigkeit, der Meditation und so weiter.

Wie kann der Geist vollkommen still sein? Aus dieser Stille heraus ist Handeln etwas ganz anderes. Entdecken Sie die Schönheit darin.

F: Normalerweise befindet sich der Geist in einer Sackgasse.

K: Nein, Sir. Ich frage mich, wie kann der Geist vollkommen still werden? Beständigkeit finden, nicht im Sinne von Härte, sondern eine Beständigkeit, die flexibel ist. Ein Geist, der vollkommen beständig, fest, tief ist, hat seine Wurzeln im Unendlichen. Wie ist das möglich? Was ist dann die Beziehung zu dem Baum, zur Familie, zu dem Komitee?

Ich erkenne, dass mein Geist unbeständig ist, und ich verstehe, was es bedeutet. Ich weiß es jetzt selbst, ich habe für mich selbst verstanden, dass diese Bewegung aus Unbeständigkeit entstanden ist. Ich weiß das, und so verwerfe ich sie. Und ich frage, was ist Beständigkeit? Ich kenne die Unbeständigkeit mit all ihrer Aktivität, mit all ihrer Zerstörung, und wenn ich sie vollkommen ablege, was ist Beständigkeit? Ich habe Beständigkeit in der Familie, in der Arbeit gesucht, und ich habe auch innerlich in der Zurückgezogenheit, in Erfahrung, in Wissen, in meinen Fähigkeiten, in Gott Beständigkeit gesucht. Ich sehe, dass ich nicht weiß, was Beständigkeit ist. Nur das Nichtwissen ist Beständigkeit.

Der Mann, der sagt „Ich weiß" und daher auch „Ich bin beständig", hat uns in dieses Chaos geführt – Menschen, die sagen: „Wir sind die Auserwählten." Die meisten Lehrer und Gurus haben gesagt: „Ich weiß."

Weisen Sie das alles zurück und verlassen Sie sich auf sich selbst. Haben Sie Vertrauen in sich selbst. Und wenn der Geist all das abwirft, wenn er verstanden hat, was nicht beständig ist und dass er nicht wissen kann, was wahre Beständigkeit ist, dann entsteht eine Bewegung der Flexibilität, der Harmonie, denn der Geist befindet sich in einem Zustand des Nichtwissens. Die Wahrheit des Nichtwissens ist der einzige Faktor, von dem man ausgehen kann. Diese Wahrheit ist das Beständige. Ein Geist, der nicht weiß, ist in einem Zustand des Lernens. In dem Moment, in dem ich sage, ich *habe* gelernt, habe ich aufgehört zu lernen, und dieses Aufhören ist die Beständigkeit der Trennung.

Ich weiß also nicht. Die Wahrheit ist, dass ich nicht weiß. Das ist alles. Und das gibt Ihnen eine Qualität des Lernens, und im Lernen ist Beständigkeit. Beständigkeit ist in dem „Ich lerne", nicht in „Ich *habe* gelernt". Sehen Sie, was das für Ihren Geist bedeutet. Es entlastet den Geist vollkommen, und das ist Freiheit, die Freiheit des Nichtwissens. Sehen Sie die Schönheit darin – im Nichtwissen und damit in Freiheit. Und was geschieht mit dem Gehirn, das im Wissen funktioniert? Das *ist* doch seine Funktion, oder? Von Erinnerung zu Erinnerung fortzuschreiten. Im Wissen hat der Geist eine ungeheure Sicherheit gefunden, und biologisch ist diese Sicherheit notwendig. Andernfalls könnte er nicht überleben. Und was geschieht mit dem Gehirn, das sagt, ich weiß wirklich nichts außer biologischem Wissen, das zum Überleben notwendig ist? Was geschieht mit dem Rest des Gehirns? Der Rest des Gehirns war zuvor gefesselt. Jetzt ist es nicht mehr beschäftigt. Es wird handeln, aber es ist nicht mehr beschäftigt.

Dieses Gehirn wurde nie berührt. Es kann nicht mehr verletzt werden. Ein neues Gehirn wird geboren, oder das alte Gehirn wird von seinen Beschäftigungen geläutert.

San Francisco, 10. März 1973

Wir müssen herausfinden, was es bedeutet zu beobachten, unsere Beziehung zu einem anderen Menschen zu beobachten, ganz gleich, wie nah oder fern er uns steht. Zum Beobachten gehört vollkommene Aufmerksamkeit. Bitte beachten sie das während unseres Gesprächs, nicht wie in einer Gruppentherapie, die ein Horror ist, oder in einer absurden Gruppenunterhaltung, sondern beobachten Sie, was tatsächlich „ist", so dass keine Verzerrung entsteht und niemals Vorurteile, Vorlieben oder unterschiedliche Neigungen Ihnen dabei im Weg stehen. Reine Beobachtung ohne Verzerrung bedeutet Aufmerksamkeit. Diese Aufmerksamkeit kommt ganz natürlich, wenn Sie wirklich interessiert sind. Sie brauchen nicht aufs College zu gehen oder Aufmerksamkeit zu üben oder alle möglichen anderen absurden Dinge zu tun. Wenn Sie nicht interessiert sind, dann ist etwas von Grund auf nicht in Ordnung. Nicht interessiert zu sein, wenn das Haus brennt, wenn so viele Katastrophen passieren, nicht äußerst besorgt zu sein, nicht mit aller Konzentration an der Lösung des Problems zu arbeiten, beweist, dass man geistig tot ist. Es geht also darum, Ihre Beziehung zu beobachten und zu verwandeln.

Eine Beziehung – in der Uneinigkeit herrscht und folglich Konflikt, Eifersucht, Spannung, Unsicherheit und Gewalt – wandelt sich durch Beobachtung. Achten Sie darauf, was geschieht. Wenn Sie beobachten, werden Sie feststellen, dass Ihre Beziehung mit einem anderen Menschen auf Wissen basiert, auf einem Wissen, das Vergangenheit ist, auf Wissen, das zum Bild eines anderen wird. Wenn Sie dem Sprecher zuhören, haben Sie ein Bild von ihm, das ist offensichtlich, sonst wären Sie nicht hier. Ihr Bild des Sprechers basiert auf seinem Ruf, auf Propaganda, Büchern und dergleichen mehr. In Wirklichkeit kennen Sie den Sprecher überhaupt nicht, aber Sie haben ein Bild von ihm. Und das Bild trennt Sie von ihm. Sie haben ein Bild von Ihrer Frau, Ihrer Freundin, Ihrem Freund, und dieses Bild ist aufgrund des Wissens um vergangene Erfahrungen und Ereignisse entstanden. Dieses Bild, das auf dem Wissen in der Beziehung aufgebaut wurde, führt zur Trennung. Das ist eine Tatsache. Wir brauchen nicht darauf einzugehen, darüber zu streiten oder es zu analysieren, es ist einfach so. Und alle diese Bilder, die verbal oder strukturell, romantisch, intellektuell, emotional oder was auch immer sind, führen eine fundamentale Trennung herbei. Sie haben ein Bild von sich selbst, dass Sie so oder anders sein sollten, und Sie haben ein Bild von dem anderen, und Ihre Beziehung findet zwischen diesen beiden Bildern statt. Deshalb haben Sie keine wirkliche Beziehung, und so kommt es zum Konflikt.

Kann nun die Struktur der Beziehung vollkommen verändert, radikal verwandelt werden? Dann könnten wir eine vollkommen andere Gesellschaft schaffen. Und das ist nur möglich, wenn wir miteinander teilen, gemeinsam denken und etwas zusammen erschaffen. Darin gibt es absolut keine Autorität, denn Sie beobachten Ihr eigenes Selbst, Ihr Bild von sich selbst und auch das Bild, das Sie sich von einem anderen gemacht haben, welches die Trennung bewirkt.

Deshalb fragen wir uns: Wie ist es möglich, überhaupt keine Bilder zu schaffen? Verstehen Sie? Ich hoffe, wir verstehen einander. Kann der Geist, der kultiviert wurde, der durch Erfahrungen aus der Vergangenheit ein ungeheures Wissen erworben hat, der so viele Bilder, so viele Schlussfolgerungen beherbergt und so stark konditioniert ist, kann dieser Geist frei von allen Bildern sein? Wenn er es nicht ist, dann wird das Leben zu einem unaufhörlichen Kampf. Richtig? Ist diese Frage klar?

Wissen in einer Beziehung führt zur Trennung. Das heißt, wenn Sie eine Beziehung zu Ihrem Partner haben, dann schleicht sich ganz allmählich Wissen in Ihre Beziehung ein, ein Wissen, das Sie erworben haben, an das Sie sich erinnern, das Sie in dieser Beziehung erfahren haben. Das Wissen wird in unserer Beziehung zu einem Hindernis. Richtig? Unternehmen wir diese Reise gemeinsam?

Zuhörer: Ja.

Krishnamurti: Gut! Das ist nämlich sehr wichtig. Wenn wir mit jemandem eine Reise machen, müssen wir eine Zuneigung spüren, die Gemeinsamkeit stiftet, und uns nicht nur eine Beschreibung anhören. Die Beschreibung ist nicht das Beschriebene; das Wort ist nicht die Sache selbst. Wenn Sie nur den Worten folgen, dann reisen wir nicht zusammen; dann finden wir in dieser Untersuchung nicht die Klarheit, die so dringend notwendig ist. Sie folgen also nicht dem Sprecher. Wenn Sie dem Sprecher folgen, dann wird der Sprecher zur Autorität, und Sie haben bereits genug Autorität in der Welt, fügen Sie nicht eine weitere hinzu. Was wir brauchen, ist Freiheit von Autorität. Autorität bedeutet, dass jemand Ihnen sagt, was Sie tun sollen. Dann sind Sie von jemandem abhängig, und damit kommen all die Probleme der Autorität auf. Wenn Sie jedoch lernen zu beobachten, sich mit voller Aufmerksamkeit einer Beziehung zu widmen, dann stellen Sie fest, dass Sie von einem anderen Menschen nicht lernen können. Sie können nur aus dem Leben lernen, nicht aus einem Buch. Deshalb möchte ich Sie bitten, den Sprecher als einen Spiegel zu betrachten, in dem

Sie sich selbst sehen. Und wenn Sie lernen, sich selbst in diesem Spiegel zu sehen, dann zerbrechen Sie den Spiegel, damit Sie von dem Sprecher frei sind und für sich selbst beobachten, was tatsächlich geschieht.

Wie wir schon sagten, wir haben eine Menge Bilder und Schlussfolgerungen, und so ist der Geist nie frei zu beobachten. Der Geist, der diese Schlussfolgerungen durch Erziehung, durch Beziehungen, durch Propaganda auf tausend verschiedenen Wegen angesammelt hat, funktioniert mit Hilfe dieser Schlussfolgerungen mechanisch. Doch Beziehung ist nichts Mechanisches, auch wenn wir die Beziehung auf eine Routine, auf einen mechanischen Prozess reduziert haben.

In einer Beziehung müssen wir die Bedeutung des Wortes *Wissen* und die Bedeutung der Freiheit von Wissen in seiner ganzen Tiefe verstehen. Wissen ist notwendig; Sie und der Sprecher, wir können uns unmöglich verständigen, wenn wir kein Englisch können. Um irgendetwas Sachliches, Technisches zu tun, ist Wissen notwendig – wie man Fahrrad fährt und solche Dinge. Um effizient, objektiv und rational zu funktionieren, brauchen wir Wissen, doch wir benutzen unser Wissen, um einen Status zu erreichen. Und wenn man durch Fachwissen und Können auf Status aus ist, kommt es zu Trennungen, und so entsteht der Konflikt zwischen Können und Status, der ein Teil unserer Beziehung zueinander ist. Wenn Sie Status in einem Fachwissen suchen, dann ist der Status für Sie viel wichtiger als die Arbeit selbst, und damit entsteht sowohl innerlich wie äußerlich Konflikt. Das müssen wir beobachten. Wir müssen beobachten, wie der Geist in einer Beziehung arbeitet, denn durch eine Funktion sucht er Status, und das trägt Konflikt in die Beziehung. Wir müssen auch sehen, wie die Trennung zwischen Ihnen und einem anderen Menschen zu Konflikt führt und wo das Wissen über Ihren Mann, Ihren Sohn, Ihre Tochter oder irgendjemand anderen sich trennend auswirkt. Deshalb versteht der Geist die Funktion des Wissens und die Notwendigkeit des Wissens nur dann, wenn er frei oder vielmehr bewusst ist. Nur dann sieht er auch die Gefahr und das Gift des Wissens in einer Beziehung. Ich hoffe, das ist klar.

Sehen Sie, wenn ich mit Ihnen verheiratet bin und mit Ihnen gelebt habe, habe ich in dieser Beziehung eine Menge Wissen über Sie angesammelt. Dieses Wissen ist zum Bild von Ihnen geworden. Sie haben mir Vergnügen, Sex gewährt, Sie haben mich beleidigt, an mir herumgenörgelt, mich tyrannisiert, dominiert, haben gesagt: „Frauen sind wichtiger als Männer" – Sie kennen das ja alles, was man so sagt. Wie kindisch ist das alles, wie unglaublich unreif! Ich habe mir ein Bild von Ihnen gemacht. Es mag einen Tag oder zehn Jahre alt sein. Dieses Bild trennt mich von Ihnen, denn auch Sie haben ein Bild von mir. Also besteht unsere Beziehung zwischen diesen beiden Bildern, und deshalb ist es überhaupt keine Beziehung. Wenn wir das erkennen, ist es dann möglich, in dieser Welt mit dem unbedingt notwendigen Wissen zu leben, doch in der Beziehung frei von Wissen zu sein? Denn wenn man in einer Beziehung frei von Wissen ist, dann hört die Trennung auf, und dann endet der Konflikt. Und doch beobachtet man in der Welt mehr und mehr Konflikt. Überall herrschen Elend, Verwirrung und Leid. Und in seinen Beziehungen ist der Geist von Ängsten erfüllt, weil er nur an Wissen und nicht an Weisheit interessiert ist. Weisheit aber findet man nur, wenn man versteht, was Wissen ist und was es bedeutet, frei von Wissen zu sein.

Nun ist unsere Frage: Kann der Geist, der mit Schlussfolgerungen, mit Bildern funktioniert, frei sein, nicht morgen oder innerhalb einer gewissen Zeitspanne, sondern kann er ganz aus diesem Konflikt heraustreten? Das ist nur möglich, wenn Sie lernen, sich selbst und den anderen Menschen zu beobachten. Es ist weitaus wichtiger, sich selbst zu beobachten, denn was Sie sind, das ist auch der andere; Sie sind die Welt und die Welt ist Sie, es gibt keine Trennung. Die Gesellschaft, die Sie geschaffen haben, sind Sie. Diese Gesellschaft, mit ihrer Hässlichkeit, Brutalität, Extravaganz und Verschmutzung, ist das Ergebnis Ihrer täglichen Aktivitäten, also sind Sie die Gesellschaft, Sie sind die Welt, und die Welt ist Sie. Das ist nicht eine bloße Behauptung, sondern eine Tatsache. Und um dies zu beobachten, muss der Geist frei von der Verzerrung von Meinungen und Schlussfolgerungen sein, nur dann ist der Geist frisch, um zu schauen und zu lernen.

Wir müssen unterscheiden zwischen Lernen und dem Erwerben von Wissen. Die meisten von uns auf dem College oder an der Universität sind sehr gut im Aneignen von Wissen. Für uns bedeutet Lernen, Fakten zu sammeln und sie zu anderen Fakten und Daten in Beziehung zu setzen. Unser Geist, unsere Gehirne sind voll von Wissen über die Vergangenheit. Wissen *ist* die Vergangenheit, und wir fügen diesem Wissen ständig mehr hinzu; und das ist notwendig, wenn Sie als Ingenieur oder Wissenschaftler arbeiten, wenn Sie Auto fahren oder eine Sprache sprechen. Doch Lernen ist etwas völlig anderes. Lernen ist eine ständige Bewegung, so dass sich nie etwas ansammeln kann. Denn das Ansammeln ist das „Ich", das „Ich", das den Menschen absondert, trennt, und das führt zu Konflikt. Wo immer das Ich ist, muss Konflikt sein, denn das Ich ist die tiefste Ursache der Trennung.

Liebe kann man nicht lernen. Durch Wissen kann man weder Weisheit noch Liebe gewinnen. Deshalb ist es sehr wichtig, die ganze Struktur der Beziehung zu verstehen, denn sie ist die Grundlage unseres Lebens. Von dort her findet alles Handeln statt. Wenn das Handeln nur die Umsetzung des Wissens ist, wird es mechanisch. Und unsere Beziehung wird mechanisch, wenn sie sich auf Routine und Wissen verlässt. Wenn man frei von Wissen ist, verändert sich die Beziehung von Grund auf.

*

Sind wir aufmerksam in unserer Beziehung? Darüber haben wir gesprochen, nicht über Blumen und Wolken. Sind Sie sich tief im Innern – nicht mit Worten oder Schlussfolgerungen – Ihrer Beziehung bewusst? Oder haben Sie Angst, Ihre Beziehung zu betrachten, weil bei genauerer Prüfung so mancherlei Dinge ans Licht kommen, die Sie lieber nicht sehen wollen? Aufmerksamkeit ist nicht etwas, das man nur einem besonderen Problem widmet. Aufmerksamkeit ist der Zustand eines Geistes, dessen einziges Ziel es ist, eine Lebensform zu finden, in der jeglicher Konflikt ein Ende hat. Denn wenn der Konflikt in den menschlichen Beziehungen endet, werden wir eine vollkommen andere Kultur schaffen.

Saanen, 1. August 1973

Welcher Art ist die Beziehung zwischen mir und Ihnen, die Beziehung zu meiner Frau, meinem Mann, meiner Tochter, meinem Sohn, wenn ich kein Bild habe? Welche Beziehung habe ich zu Ihnen, wenn ich mir kein Bild von Ihnen gemacht habe? Das müssen Sie herausfinden; Sie können nicht einfach antworten. Sehen Sie, ich habe mit Ihnen gelebt mit all den Schwierigkeiten, der Mühsal, den Ängsten, und das alles hat sich in meinem Geist zu einem Bild zusammengefügt. Wenn ich aber kein Bild von Ihnen habe, wie ist dann meine Beziehung? Wenn Sie ganz ehrlich sind, dann können Sie diese Frage nicht beantworten. Sie können Sie nur beantworten, wenn Sie wirklich gar kein Bild haben. Und das ist eines der radikalsten Dinge im Leben, kein Bild zu haben, von den Bergen, voneinander, von Ihrem Partner, von diesem Land, kein Bild von irgendetwas zu haben. Ein Bild ist eine Meinung, eine Idee, eine Schlussfolgerung, ein Symbol. Es ist das Denken, das alle Bilder aufbaut. Was ist dann die Beziehung zwischen Ihnen, der ein Bild hat, und der Person, die kein Bild hat? Antworten Sie mir nicht. Das müssen Sie selbst herausfinden. Das ist Liebe. Das andere ist keine Liebe. Richtig?

*

Wir brauchen das Gedächtnis, um Rad fahren zu können. Ich brauche das Gedächtnis, um Englisch zu sprechen und Ihnen damit etwas zu vermitteln, wenn Sie sich für das interessieren, was ich Ihnen mitteilen möchte. Ich brauche das Gedächtnis, um in einer Fabrik, in einem Geschäft zu arbeiten. Aber in einer Beziehung bedeutet das Gedächtnis, Bilder zu haben. Ich habe mir ein Bild von Ihnen gemacht, und Sie haben ein Bild von mir, und unsere Beziehung besteht zwischen diesen beiden Bildern. Und das ist für uns so wichtig – das Bild, das ich von Ihnen habe, und das Bild, das Sie von mir haben –, und wir leben mit diesen Bildern. Diese Beziehung nennt man Liebe; in dieser Beziehung ist Zuneigung und alles andere, und wir klammern uns an das Bild. Und wir sagen, der Geist tut das, weil er sich sicher fühlt, wenn er ein Bild hat. Wenn er kein Bild hat, ist er leer, und wir fürchten uns davor, leer zu sein, und deshalb sagen wir, wir müssen irgendetwas sein.

Kann der Geist die Gegenwart, das, „was ist", beobachten ohne das Gedächtnis, das Bild, die Schlussfolgerung, die Meinung, das Urteil, die Einschätzung der Vergangenheit? Nur beobachten, „was ist"? Lassen Sie es mich anders herum sagen. Gehen Sie tiefer, viel, viel tiefer. Ich liebe meinen Bruder, meinen Sohn, meine Frau, mein Mädchen, meinen Jungen, und er stirbt. Die Tatsache ist, er ist tot. Das ist, „was ist". Richtig? Kann der Geist beobachten, „was ist", ohne irgendeine Bewegung des Denkens, die aus der Vergangenheit kommt? Verstehen Sie?

Gehen wir weiter. Sehen Sie, mein Sohn ist tot, das ist eine Tatsache. Was passiert jetzt? Das Bild, das ich mir über die Jahre von meinem Sohn gemacht habe, bewirkt, dass mein Geist sich leer, einsam, traurig, selbstmitleidig fühlt, und ich habe die Hoffnung, dass ich meinen Sohn in einem nächsten Leben wiedersehen werde. Also gehe ich zu einem Medium, in eine Seance, um mit ihm Kontakt aufzunehmen, mit allem Drum und Dran. Das heißt, der Geist beobachtet nicht, er lebt nicht völlig in dem, „was ist", nicht ohne das Bild. Verstehen

Sie? Verstehen Sie doch! Wenn ich kein Selbstmitleid habe, sage ich nicht: „Oh, ich wünschte, mein Sohn wäre am Leben geblieben, er wäre ein so wunderbarer Mensch geworden!" Verstehen Sie? Kein Gedanke regt sich in mir. Der Geist lebt nur mit der Tatsache, dass mein Sohn tot ist. Haben Sie das schon einmal getan? Ja oder nein?

Fragesteller: Mein Geist wird ruhig.

Krishnamurti: Nein Sir, ich spreche nicht von Ruhigsein. Schauen Sie, Sir, das passiert jedem lebenden Menschen: Der Tod ist da. Was geht in Ihnen vor, wenn Sie die Tatsache ohne ein einziges Bild betrachten? Ich kann es Ihnen nicht sagen, Sie müssen selbst darauf kommen.

F: Man sieht, was tatsächlich „ist".

K: Ja, Sir, das habe ich gesagt. Leben, Sein mit dem, was tatsächlich geschehen ist, nicht ausweichen, nicht fortlaufen, nicht dem Denken erlauben, dies oder jenes zu sagen – nichts.

F: Dann ist es still.

K: Sie werden es herausfinden. Ich hoffe, niemand stirbt, den Sie lieben oder den Sie zu lieben glauben; ich hoffe, Sie werden niemals leiden, aber wenn es passiert, wie jedem Menschen auf der Welt, nicht nur den Leuten in Vietnam und Kambodscha, sondern was jeden Tag um Sie herum passiert, dann werden Sie herausfinden, was es bedeutet, ganz und gar mit dem, „was ist", zu leben. Ohne ein einziges Bild. Ich beleidige Sie, ich sage schreckliche Dinge zu Ihnen – können Sie mir zuhören ohne die Bewegung des Denkens, die ein Bild schafft, das wehtut? Können Sie zuhören? Versuchen Sie es. Tun Sie es, und dann werden Sie sehen, welch außerordentliche Veränderung stattfindet, eine Veränderung, in der Bilder in jeglicher Form negiert werden, so dass der Geist nicht von der Vergangenheit belastet wird. Es ist, als hätte man einen jungen Geist, verstehen Sie?

Saanen, 2. August 1973

Die Kultur, in welcher der Geist sich entwickelt hat, in der er gebildet und gefördert wurde, hat Verwirrung als eine Lebensweise akzeptiert: „Ja, ich bin verwirrt, und machen wir weiter so. Machen wir nicht so viel Aufhebens darum, leben wir einfach so weiter." Und eines schönen Tages wird mir klar, dass ich tatsächlich verwirrt bin, zwar nicht völlig, aber teilweise. Die Kultur hat mich dazu erzogen, sie hat diesen Geist dazu ausgebildet, in Verwirrung und Unordnung zu leben. Und das hat viel Kummer und Elend gebracht. Und der Geist sagt: „Es muss doch einen Ausweg aus all dem geben." Und allmählich lernt er, sich selbst zu beobachten. Der Geist erkennt, dass er sich nur selbst beobachten kann, wenn kein Gedanke sich regt, denn das Denken hat ja das ganze Durcheinander dieser Kultur angerichtet. Und er erkennt, dass er nur klar sehen kann, wenn keine Bewegung des Denkens stattfindet. Ist das möglich? Er probiert es aus. Er akzeptiert es nicht einfach, sondern er sagt: „Ich werde es ausprobieren, werde herausfinden, ob es möglich ist." So schaut er die Berge an, die Hügel, die Flüsse, die Bäume und die Menschen. Die Außenwelt zu betrachten, ohne dass das Denken dazwischengerät, ist vergleichsweise leicht. Doch es wird wesentlich schwieriger, wenn man nach innen blickt. Zur inneren Wahrnehmung gesellt sich stets das Verlangen, etwas von dem Wahrgenommenen umzusetzen. Und man erkennt, dass dies wiederum die Aktivität des Denkens ist. Und der Geist betrachtet, beobachtet alles und erkennt, dass dieser Prozess der Wahl bzw. des Konflikts existieren muss, solange ein Beobachter da ist. Ist es also möglich, ohne den Beobachter, der aus Vergangenheit und Erfahrung besteht, zu beobachten? Das erfordert beträchtliche Aufmerksamkeit. Diese Aufmerksamkeit bringt ihre eigene Ordnung hervor, sie ist Disziplin. Es ist durchaus keine aufgezwungene Ordnung. Allein dieses Experiment, allein dieses Ausprobieren der Beobachtung ohne den Beobachter, bringt seine eigene Ordnung, einen Zustand vollkommener Aufmerksamkeit mit sich. Und der Geist beobachtet jetzt ohne den Beobachter und bleibt unverrückbar bei dem, „was ist". Richtig? Und was kommt dann?

Sehen Sie, was der Geist zuvor getan hat. Er war nicht fähig, sich dem zu stellen, „was ist", sondern hat seine Energie mit dem Versuch verschwendet, davor zu fliehen, es zu unterdrücken, zu analysieren, zu erklären. Wenn jedoch der Geist seine Energie nicht verschwendet hat, indem er vollkommen bei dem, „was ist", geblieben ist, dann hat er seine volle Energie. Verstehen Sie? Kein Funken Energie ist verschwendet. Es gibt kein Entkommen, es gibt kein Benennen, es gibt keinen Versuch, es zu überwinden, zu unterdrücken oder in ein Muster einzupassen. Das alles ist eine Vergeudung von Energie. Wenn diese Energie nicht verschwendet wurde, ist der Geist voller Energie und beobachtet wirklich das, „was ist". Ist dann das, „was ist", da? Gibt es dann noch Verwirrung?

Dies alles zu sehen ist nicht nur Wahrheit, es ist auch Weisheit. Und dieser Weisheit entspringt Intelligenz, die sich im täglichen Leben auswirkt, die keine Verwirrung stiftet – verstehen Sie? In unachtsamen Momenten tut sie vielleicht etwas, aber sie wird es sofort korrigieren. Können Sie mir folgen? Diese Intelligenz ist ununterbrochen aktiv. Es ist nicht meine Intelligenz oder Ihre Intelligenz.

Haben wir diese Reise gemeinsam unternommen, wenigstens für eine kleine Strecke?

Fragesteller: In einem solchen Handeln gibt es keinen Handelnden.

Krishnamurti: Was ist das Handeln dieser Intelligenz in einer Beziehung? Verstehen Sie? Leben ist Beziehung – zwischen Mann und Frau, zwischen Natur und Mensch, zwischen Menschen. Und deshalb frage ich, was das Handeln dieser Intelligenz ist, die aus Weisheit geboren wurde, die aus der Wahrnehmung der Wahrheit kommt. Was ist das Handeln jener Intelligenz in menschlichen Beziehungen? Denn ich muss in dieser Welt leben. Richtig? Ich habe eine Frau, Kinder, Familie, den Chef, die Fabrik, das Geschäft und so weiter – was ist also das Handeln jener Intelligenz in meiner Beziehung zu anderen? Bitte, fragen Sie doch!

F: Wie können Sie schon vorher sagen, was geschehen wird?

K: Wie können Sie voraussagen, wie die Intelligenz handeln wird? Ich weiß es nicht im Voraus, aber wir fragen das jetzt. Was ist das Handeln der Intelligenz in der Beziehung? Ich habe eine Beziehung zu Ihnen. Ich habe wirklich eine Beziehung zu Ihnen, denn Sie sitzen da und ich sitze hier, Sie hören mir zu, wir sind beide beteiligt, wir beobachten diese Sache gemeinsam, „kochen" es gemeinsam, deshalb haben wir Beziehung, nicht im intimen Sinne, sondern als Menschen, weil es unser gemeinsames Problem ist, es ist unser menschliches Problem. Und wir fragen: Wir haben also eine Beziehung, und wie handelt die Intelligenz in dieser Beziehung?

F: Es kann nur Liebe sein. Aus dieser Intelligenz kommt Liebe.

K: Ich weiß es nicht. Das ist eine Idee. Sehen Sie, mein Geist wird keine Theorie, keine Schlussfolgerung oder Spekulation akzeptieren. Er wird nur – mein Geist, nicht Ihrer – von Tatsache zu Tatsache gehen, von einem, „was ist", zu einem anderen, „was ist", mehr nicht.

F: Wir müssen in diesem Dialog Worte gebrauchen, und in dem Moment, in dem wir Worte gebrauchen, haben wir es mit Ideen zu tun, aber die Art des Dialogs, auf der Sie bestehen, ist für die meisten von uns fast unmöglich.

K: Hören Sie, es gibt die Kommunikation durch Worte und die Kommunikation ohne Worte, verbale und nicht-verbale Kommunikation. Wenn ich Ihnen richtig zuhöre, den Worten, die Sie gebrauchen, der Bedeutung der Worte, die Sie gebrauchen, in unserer gemeinsamen Sprache, wenn ich wirklich Ihren Worten richtig zuhöre, dann kann ich auch das hören, was Sie nicht aussprechen, weil ich dafür offen bin.

Ich stelle eine ganz einfache Frage, die zu einer weitreichenden Untersuchung führen wird, nämlich: Was führt zu der Einsicht, die diese Qualität der Intelligenz in meiner Beziehung mit einem anderen Menschen hervorbringt? Bevor ich diese Frage nicht löse, kann meine Beziehung nur Schaden anrichten, nicht nur bei Ihnen, sondern auch bei mir. Also muss ich meine ganze Kraft einsetzen, um es herauszufinden. Das ist keine beiläufige, oberflächliche Untersuchung; denn mein Leben hängt davon ab. Ich will nicht in Leid und Verwirrung, in dieser entsetzlichen Unordnung leben, in die diese Zivilisation oder Kultur mich versetzt hat. Deshalb sagt meine Intelligenz: „Finde es heraus!" Denn Sie können nicht allein leben, so etwas gibt es nicht. Es gibt nur Isolation, die von dieser Kultur gefördert wird; in der Geschäftswelt, in der religiösen Welt, in der Wirtschaftswelt, in der Welt der Kunst, in jeder Welt, in jeder Sphäre hat sie meine Isolation gefördert: „Ich bin Künstler", „Ich bin Schriftsteller", „Ich bin allen anderen Menschen weit überlegen", „Ich bin Wissenschaftler", „Ich bin Gott am nächsten" usw.

Ich weiß also recht gut, was Isolation ist, und in dieser Isolation zu leben und eine Beziehung zu einem anderen Menschen zu haben, ist bedeutungslos. Also sagt mir meine Intelligenz: „Das ist absurd, so kann man nicht leben." Deshalb werde ich herausfinden, wie ich in Beziehung leben kann und welche Rolle die Intelligenz in dieser Beziehung spielt.

Ich will es wissen. Bitte probieren Sie es selbst aus und stellen Sie sich selbst diese Frage. Verstehen Sie, was diese Intelligenz ist? Sie resultiert aus der Einsicht in die Realität dessen, „was ist", und diese zu beobachten, ist Weisheit, und sie zu erkennen, ist Wahrheit. Die Tochter der Wahrheit ist Weisheit, und Intelligenz ist die Tochter der Weisheit. Ich habe es verstanden. Jetzt frage ich mich: Wie wirkt sich diese Intelligenz in einer Beziehung aus? Macht sie sich in dieser Beziehung irgendein Bild? Schafft sich mein Geist ein Bild von Ihnen, der in demselben Haus mit mir lebt? Sie mögen mich kritisieren, tyrannisieren, Sie mögen mir drohen, mich dominieren, Sie mögen mir sexuelle Lust gewähren und so weiter – und die Frage ist: Schafft der Geist sich Bilder?

F: Nein.

K: Sagen Sie niemals nein, Sir; finden Sie es heraus! Das erfordert große Aufmerksamkeit, nicht wahr? Sie können nicht ja oder nein sagen. Es erfordert vollkommene Aufmerksamkeit, herauszufinden, ob Sie ein Bild haben und warum das Bild entsteht. Hören Sie einfach zu, Sir. Ich halte Sie davon ab, ja oder nein zu sagen. Das ist alles. Lassen Sie es uns untersuchen. Lassen Sie uns dieses Problem gemeinsam angehen. Wenn Sie nein oder ja sagen, sind Sie damit schon am Ende. Aber wenn ich sage: „Schauen Sie, lassen Sie es uns herausfinden, lassen Sie uns das untersuchen, sehen wir, was dabei im Spiel ist", dann habe ich mir kein Bild von Ihnen gemacht. Ich habe gesagt: „Bitte halten Sie inne und passen Sie auf, was wir tun."

Macht der Geist sich ein Bild? Wenn ja, dann handelt nicht die Intelligenz, denn diese sieht ja, wie Bilder die Menschen entzweien, so wie Nationalitäten die Menschen getrennt haben, wie Religionen und Gurus die Menschen getrennt haben, wie die Bücher, die Bibel, die Bhagavad Gita oder der Koran die Menschen getrennt haben. Bilder, Symbole, Schlussfolgerungen trennen die Menschen voneinander. Wo Trennung ist, da muss es Konflikt geben. Und daher ist ein Handeln, das dem Konflikt entspringt, ein nicht-intelligentes Handeln. Intelligentes Handeln ist ein Handeln ohne Reibung, ohne Konflikt. Wenn ich eine Beziehung zu Ihnen habe und dabei ein Bild habe, ist es ein törichtes, ein unintelligentes Handeln. Ich sehe das jetzt. Mache ich mir ein Bild von Ihnen, wenn Sie mich einen Narren nennen, wenn ich für mein physisches Vergnügen von Ihnen abhängig bin oder wenn ich um Ihres Geldes, Ihrer Unterstützung, Ihrer Freundschaft, Ihrer Ermutigung willen von Ihnen abhängig bin? Abhängigkeit ist das Handeln eines Geistes, der nicht intelligent ist.

So fange ich an zu entdecken und zu lernen, was Beziehung ist, wenn Intelligenz entsteht. Können Sie all dem folgen? Es ist erstaunlich einfach, wirklich einfach.

F: Es ist einfach, aber nicht leicht.

K: Was einfach ist, ist die leichteste, vernünftigste Sache, nicht all Ihre Kompliziertheiten. Sie haben zu unvernünftigen Dingen geführt, zu dem ganzen Durcheinander, dem Ergebnis äußerster Unvernunft. Sehen Sie, es ist einfach, die Wahrheit zu erkennen, dass Bilder die Menschen trennen. Das ist einfach, nicht wahr? Und zu sehen, wie einfach es ist, das ist der Akt der Intelligenz, und diese Intelligenz wird in meiner Beziehung zu Ihnen handeln. Ich passe also auf, um zu sehen, wie diese Intelligenz handeln wird. Verstehen Sie? Ich habe eine Beziehung zu meiner Frau, meiner Mutter, meiner Schwester, meiner Freundin, zu wem auch immer, und ich beobachte. Ich beobachte, um zu erkennen, wie diese Intelligenz sich auswirkt. Verstehen Sie? Und diese sieht, dass Sie in dem Moment, in dem Sie sich ein Bild machen, wieder in der alten Welt sind. Sie sind wieder in dieser verdorbenen Zivilisation. Und der Geist beobachtet, lernt, und dadurch öffnet die Intelligenz die Tür zu einem Leben, das vollkommen einfach ist.

Ojai, 21. April 1979

Ein hervorragender Architekt hat sich ein großes Wissen erworben, er hat zahlreiche Häuser, Kathedralen und öffentliche Gebäude gebaut. Dieses Wissen hat er angesammelt, er hat es sich angelesen, er hat es sich erarbeitet, er hat Erfahrung mit verschiedenen Stilarten von Wohnhäusern und öffentlichen Gebäuden gemacht. Mit diesem Wissen hat er Häuser gebaut. Dieses Wissen ist natürlich notwendig. Doch psychologisches Wissen, das Wissen, dass ich mir etwas wünsche, etwas erfahren habe, an jenes glaube, dass dies meine Meinung ist, dieser ganze psychische Rückstand der eigenen Erfahrungen und der Erfahrungen der Menschheit, der im Gehirn gespeichert ist – aus dieser Quelle entspringt das Denken, und dieses Denken ist stets und immer begrenzt. Und jedes Handeln, das daraus entspringt, muss unweigerlich begrenzt sein und daher nicht harmonisch, sondern widersprüchlich und trennend.

So könnte also in psychologischer Hinsicht das Denken selbst die Wurzel der Unordnung sein. Verstehen Sie die Schönheit, den Spaß und auch die Logik darin? Und dann fragt man: Hat das Denken irgendeinen Platz in einer Beziehung? Verstehen Sie? Basiert unsere Beziehung zueinander, sei sie intim oder oberflächlich, sei sie körperlich, emotional oder intellektuell, auf dem Denken? Wir stellen diese Frage gemeinsam, denn wir alle wollen es herausfinden. Wenn Ihre Beziehung auf dem Denken, das heißt auf Erinnerung basiert, dann kann unsere Beziehung nur begrenzt sein. Offensichtlich.

Deshalb liegt ein Widerspruch in dieser Begrenztheit: Sie und ich, ich und du, meine Meinung, mein Ehrgeiz, Sie gehen nicht auf meine sexuellen Wünsche ein, sondern verweigern sich mir, und so weiter. Bitte, das ist ernst, denn wir versuchen, das Wesen der Liebe zu ergründen. Wir müssen das Wesentliche verstehen, und das sind Verlangen, Denken und dann Ordnung. Das tiefste Wesen der Liebe ist Ordnung. Wir werden es sehen.

Wenn das Denken in seiner Begrenztheit Unordnung hervorruft – und ebenso das Verlangen –, welchen Platz hat dann das Denken in unserer Beziehung? Nicht wenn wir spazieren gehen, uns unterhalten, Auto fahren, ein Haus bauen, Geld verdienen, in Bezug auf Wohnung und Kleidung, sondern in unserer Beziehung, zwischen Mann und Frau, welchen Platz hat darin das Denken? Bitte untersuchen Sie das gemeinsam mit mir, erwarten Sie nicht, dass ich es Ihnen sage. Wenn das Denken, dieses begrenzte Denken, der vorherrschende Faktor in unserer Beziehung ist, dann kann auch unsere Beziehung nur sehr, sehr begrenzt sein und somit widersprüchlich und destruktiv. Basiert also unsere Beziehung auf Gedanken, auf Erinnerung? Gewiss doch, wenn Sie ehrlich sind! Und dann fragen wir: Ist Liebe nur eine Erinnerung, eine sexuelle Erinnerung? Ist Liebe die Erinnerung an ein Vergnügen? Um Himmels willen, hören Sie gut zu, es ist Ihr Leben! Das Wort *Liebe*, wie es in diesem Land gebraucht wird, ist so bedeutungslos.

Wir fragen gemeinsam, weil wir es alle herausfinden wollen, weil es Ordnung in unser Leben bringen wird. Dann werden wir fähig sein, in einem außerordentlichen Glückszustand zu leben. Glücklichsein ist nicht Vergnügen, es ist Ordnung. Mit der Ordnung kommt Freiheit, und mit der Freiheit kommt Verantwortung. Und wir fragen: Ist Liebe eine Erinnerung, ist Liebe Verlangen, ist Liebe Vergnügen, ist Liebe Gebundenheit? Und wenn sie eine Erinnerung ist, an der man hängt, dann entstehen Angst, Konflikt, Eifersucht, Zorn und Hass. Richtig? Und das alles nennen Sie Liebe. Richtig?

Wir fragen gemeinsam: Ist Liebe nur eine Erfüllung des Verlangens? Verstehen Sie? Wir haben das Verlangen sehr ausführlich erklärt. Ist Liebe die Jagd nach dem Vergnügen? Das wollen Sie doch alle! Und wenn Liebe sich auf Erinnerung stützt, dann liegt darin ein Widerspruch; dann ist sie begrenzt, und das ist katastrophal für unsere Beziehung, und damit werden wir eine Gesellschaft schaffen, die äußerst destruktiv ist. Sehen Sie, Liebe ist nicht Verlangen, Liebe ist nicht die Jagd nach dem Vergnügen, Liebe ist nicht Erinnerung; sie ist etwas ganz und gar anderes. Diese Liebe, die eines der Elemente des Mitgefühls ist, kommt nur, wenn Sie anfangen, diese ganze Bewegung des Verlangens, diese ganze Bewegung des Denkens zu verstehen. Dann kommt aus der Tiefe dieses Verstehens, dieses Erfühlens etwas vollkommen anderes, und das ist Liebe. Es ist vielleicht nicht das, was *wir* Liebe nennen. Es ist eine vollkommen andere Dimension.

Bombay, 24. Januar 1982

Wir wollen die Gesellschaft verändern. Die Kommunisten haben es versucht, es hat äußerliche Revolutionen gegeben, immer nur äußerliche, mit viel Blutvergießen. Wir alle wollen die Gesellschaft verändern, denn sie ist korrupt, unmoralisch, ohne Sinn für menschliche Kontakte, und Sie können sie unmöglich verändern, bevor unsere Beziehungen zueinander sich nicht vollkommen und radikal gewandelt haben. Das ist ganz offensichtlich. Doch wir wollen immer nur das Äußere verändern, nicht die innere Struktur des menschlichen Geistes. Wir werden jetzt gemeinsam dieser Frage nachgehen, aufmerksam und sensibel, damit wir uns unseres Tuns bewusst werden. Wir führen ein ernstes Gespräch, nicht auf intellektueller oder emotionaler Ebene. Ein sehr ernster Mensch ist auch ein religiöser Mensch. Wir wollen ernsthaft über menschliche Beziehungen nachdenken. Menschliche Beziehungen sind voller Konflikt, Schmerz und Elend, auch wenn es das so genannte Vergnügen gibt. Alle diese Probleme wollen wir betrachten und uns fragen, ob es möglich ist, eine Beziehung radikal zu verändern, in der kaum eine Spur von Liebe existiert.

Wir fragen, was Beziehung ist. Was bedeutet es, eine Beziehung zueinander zu haben? Bitte, der Sprecher stellt die Frage, aber wir wollen gemeinsam darüber nachdenken. Menschliche Beziehungen sind zu einem Problem geworden. Die Bedeutung des Wortes *Problem* ist, dass Ihnen etwas zugeworfen wird; es ist eine Herausforderung, etwas, das Ihnen entgegengeschleudert wird, etwas, dem Sie sich stellen müssen, das Sie verstehen müssen. Und einer Herausforderung muss man sich auf die richtige Art und Weise stellen. Wir müssen also verstehen, wie wir einem Problem begegnen. Wir haben das Problem der menschlichen Beziehungen, das im Leben eines Menschen auftaucht; ob Sie sich dessen bewusst sind oder nicht, es ist da. Wie begegnen Sie diesem Problem? Verstehen Sie meine Frage? Das Problem existiert. Wie nähern Sie sich ihm, in welcher Geisteshaltung, mit welchem Motiv? Wie kommen Sie in enge Berührung mit diesem Problem? Ist das Problem verschieden von dem Beobachter, der das Problem untersucht? Können Sie mir folgen? Wahrscheinlich werden die meisten von Ihnen das ziemlich schwierig finden, weil Sie über diese Dinge noch nicht nachgedacht haben, also haben Sie bitte Geduld, wenn wir uns jetzt damit befassen.

Angenommen, ich habe ein Problem. Wie betrachte ich es, wie untersuche ich es, wie reagiere ich darauf? Das Problem ist also nicht wichtig, sondern wie ich es angehe. Ist das klar? Habe ich Angst vor dem Problem? Oder will ich vor ihm davonlaufen, es unterdrücken oder rationalisieren? Oder habe ich ein Motiv, aus dem heraus ich eine Antwort finden muss? So gehe ich mit meiner ganzen Verwirrung, Unsicherheit und Angst an das Problem heran. Wir müssen herausfinden, wie wir es angehen, wie wir uns ihm nähern. Was ist Ihr Motiv? Ihr Motiv ist, das Problem zu lösen, vorausgesetzt, dass Sie sich seiner überhaupt bewusst sind. Sie wollen es lösen, weil es schmerzlich ist. Wenn das Problem überaus erfreulich ist, ist es kein Problem. Doch wenn das Problem schmerzlich und verwirrend wird, wenn es Unsicherheit mit sich bringt, dann müssen Sie es betrachten und untersuchen. Wichtig ist also, wie man sich dem Problem nähert.

Wie hören Sie dem zu, was der Sprecher sagt? Wie nehmen Sie es auf? Natürlich, Sie hören es mit dem sensorischen Ohr, dem Sinnesorgan. Sie verstehen Englisch, und der Sprecher spricht diese Sprache, Sie verstehen das Wort, das Sie mit dem Ohr hören, aber es gibt noch ein Hören jenseits des Wortes, jenseits der verbalen Interpretation. So zu hören, dass Sie unmittelbar verstehen, worüber er spricht, ist die Kunst des Zuhörens. Also fragen wir jetzt: Wie gehen Sie das Problem an? Ihre Vorgehensweise wird das Problem bestimmen oder lösen, finden Sie also heraus, wie Sie ein Problem angehen können. Das ist ganz einfach, wenn es sich um ein wissenschaftliches Problem handelt, Sie nähern sich ihm mit all ihrem vorhandenen Wissen und versuchen, weitere Informationen zu entdecken – über Materie, über das Atom und andere Dinge. Wenn Sie ein Problem haben, nähern Sie sich ihm dann mit all ihrem vergangenen Wissen, mit allen Erinnerungen, oder nähern Sie sich dem Problem, als sei es zum ersten Mal? Verstehen Sie meine Frage? Können Sie mir folgen?

Betrachten wir es einmal anders. Was ist eigentlich Ihre Beziehung zwischen Mann und Frau? Haben Sie, abgesehen vom Sexuellen, noch eine andere Beziehung? Oder geht jeder seine getrennten Wege, und Sie begegnen sich nie, außer beim Sex? Wie zwei Eisenbahnlinien, die sich nie begegnen, so ist unsere Beziehung, nicht wahr? Wenn Sie keine Beziehung zueinander haben, und ich fürchte, das ist eine Tatsache, was ist dann Ihr Leben? Leben *ist* Beziehung. Ohne Beziehung können Sie nicht existieren. Aber wir haben diese Beziehung auf rein sinnliche Reaktionen reduziert. Ich frage mich, ob jemand sich dieser Komplikationen der Beziehungen bewusst ist. Sie können dem nicht entfliehen, indem Sie ein Einsiedler werden, ein Sannyasin, ein Mönch, Sie können menschlichen Beziehungen nicht entfliehen.

Wir müssen also ganz genau untersuchen, warum die Menschen nicht nur die Beziehung zur Natur, sondern auch zu einander verloren haben. Verstehen Sie? Warum? Wie wir schon sagten, nur nach der Ursache zu suchen, kann nicht die Lösung des Problems bringen. Sie mögen die Ursache finden, oder ich werde sie Ihnen aufzeigen, aber das Verstehen der Ursache, das Ergründen der Ursache, wird das Problem nicht lösen. So weiß ich zum Beispiel, dass wir egoistisch sind, total egozentrisch, und wir sind egozentrisch, weil es unsere Gewohnheit ist, es ist eine Tradition, es ist unsere religiöse Erziehung – „Du bist eine individuelle Seele, Du musst nach deiner eigenen Erlösung streben“, und so weiter. Diese Betonung der Selbstsucht, der Selbstbezogenheit, durch Erziehung, durch Druck, hat es schon seit Menschengedenken gegeben. Das ist die Ursache all unseres Elends. Intellektuell verstehen wir das, aber die Ursache entdeckt zu haben, macht uns nicht weniger egoistisch. Wir haben also gesagt, dass es nicht auf den analytischen Prozess der Entdeckung der Ursache ankommt, sondern darauf, bei dem Problem zu bleiben, dem Problem, dass wir egoistisch sind. Das ist eine Tatsache, und deshalb haben wir keine Beziehung zueinander: Jeder geht seiner eigenen Wege. Die Ehescheidungen häufen sich, in Europa und in Amerika, und auch hier in Indien werden es immer mehr; wenn die Frauen ihren eigenen Lebensunterhalt verdienen können, verlassen sie ihre Männer. Und mit der Zeit werden wir eine Welt haben, in der es kaum noch Beziehungen gibt. So verhärten wir uns, werden egozentrisch und verfolgen unsere eigenen Ziele. Das heißt, unser Ziel ist, etwas zu werden, reicher zu werden, Präsident zu werden, Staatsoberhaupt oder Hohepriester, Erzbischof und so weiter. Überall kämpft man darum, etwas zu werden, was im Grunde egoistisch ist.

Jetzt haben Sie das gehört, was wir alle wissen. Wenn Sie eine solche Aussage hören, wie reagieren Sie darauf? Akzeptieren Sie sie und sagen: „Ja, Sie haben vollkommen Recht“ und lassen es dabei bewenden? Oder hören Sie es, erkennen die Wahrheit darin und bleiben bei dieser Wahrheit, so dass diese

Wahrheit an dem Egoismus arbeitet, ohne dass Sie etwas dazu tun? Verstehen Sie, was ich meine?

Betrachten wir es einmal. Angenommen, ich bin egoistisch und ich sage, ich darf nicht so egoistisch sein. Das heißt, das Denken hat den Egoismus hervorgebracht. Es hat den Egoismus strukturiert. Dann sagt das Denken: „Ich darf nicht egoistisch sein“, und der Konflikt zwischen der Tatsache und dem, wie das Denken sie gerne hätte, ist da. Richtig? Kommen Sie, gehen wir der Sache auf den Grund! Angenommen, ich bin gewalttätig. Wir Menschen sind gewalttätig, also angenommen, ich bin gewalttätig. Das ist eine Tatasche. So ist es. Aber ich erfinde die Gewaltlosigkeit, die eine Nicht-Tatsache ist. Richtig? Ich bin gewalttätig: Ich weiß nicht, wie ich damit umgehen soll, was ich damit anfangen soll. Entweder schwelge ich darin, oder ich versuche es zu verstehen, versuche es zu ergründen. Und ich glaube, dass es mir helfen wird, die Idee der Gewaltlosigkeit zu pflegen, die in diesem Land endlos gepredigt wurde, ohne irgendwelche Folgen. So entsteht ein Konflikt zwischen dem, „was ist“, und dem, „was sein sollte“. Das, „was ist“, ist Tatsache, das, „was sein sollte“, ist keine Tatsache. Können wir nun das, was nicht ist, das Ideal dessen, „was sein sollte“, vergessen und uns nur mit dem, „was ist“, beschäftigen, nämlich mit Gewalttätigkeit? Ja? Das ist ein Problem. Sie haben das menschliche Problem: Wir wünschen Frieden, aber trotzdem sind wir gewalttätig. Die Tatsache ist also, wir sind gewalttätig. Wie gehen Sie mit dieser Tatasche um? Wie betrachten Sie diese Tatsache? Was wollen Sie tun, wenn Sie dieser Tatsache ins Gesicht sehen? Entweder wollen Sie sie unterdrücken oder vor ihr davonlaufen oder sie transzendieren, was nichts anderes heißt, als dass Sie der Tatsache nicht wirklich ins Gesicht sehen: Sie versuchen, vor ihr zu fliehen. Können Sie all dem folgen? Wir sagen also, wir bleiben bei der Tatsache, ohne sie zu interpretieren, ohne zu versuchen, vor ihr davonzulaufen. Sehen Sie sie an, bleiben Sie bei ihr. Wenn Sie dabei bleiben, widmen Sie ihr Ihre ganze Aufmerksamkeit; aber wenn Sie sagen: „Ich muss sie transzendieren", „Ich muss mich ihr entziehen", „Ich muss nach Gewaltlosigkeit streben", verschwenden Sie Ihre Energie. Ist das alles klar? Deshalb sagen wir: Bleiben Sie bei der Tatsache, die man Gewalttätigkeit nennt. Sie müssen sie verstehen, alles darüber lernen. Aber Sie können nur durch Beobachtung lernen. Richtig?

Einen Augenblick, bitte. Man muss unterscheiden zwischen Lernen und Auswendiglernen. Wir alle sind dazu erzogen worden, auswendig zu lernen, was nicht dasselbe ist wie Lernen. Lernen bedeutet Beobachten, und dann wird das Beobachtete seine eigene Geschichte erzählen.

Wir fragen also: Was ist unsere menschliche Beziehung? Wenn Sie verheiratet sind oder wenn Sie eine Freundin oder was auch immer haben, wie betrachten Sie sie oder ihn? Wie reagieren Sie, wenn Sie Ihren Mann, Ihre Frau ansehen? Oder sind Sie vollkommen gleichgültig? Oder sagen Sie: „Ich habe ihr und meinen Kindern gegenüber eine Verantwortung?" Verstehen Sie? Was ist Ihre wahre innere Reaktion? Gehen Sie Ihrer Wege und sie geht ihrer Wege, und Sie und Ihre Frau begegnen sich nie, weil Sie ehrgeizig sind, wettbewerbsorientiert, mehr Geld wollen, einen besseren Job und solche Dinge, und auch sie hat ihren eigenen Ehrgeiz, ihre eigenen Ideale? Es gibt keine Beziehung, wenn zwei Menschen nebeneinander herlaufen. Verstehen Sie das? Natürlich! Es ist so einfach, wenn Sie es einmal betrachten.

Was ist also eine Beziehung, in der es nur sexuelles Vergnügen gibt: Ist dieses Vergnügen Liebe? Ich stelle Ihnen eine Frage. Bitte finden Sie es heraus. Ist Liebe sexuelles Vergnügen? Ist Vergnügen Liebe? Wir wollen uns nicht mit der Frage befassen, was Liebe ist. Das erfordert viel Verständnis, hohe

Sensibilität, Aufgeschlossenheit für die Schönheit der Natur, die Schönheit der Formen, der Schönheit eines Gesichts, der Schönheit des Himmels. Und ohne all diese sensible Aufgeschlossenheit für die Natur werden Sie nie herausfinden, was Liebe ist. Aber wenn Sie das Leben, das Leben in einer Beziehung, auf sexuelles Vergnügen reduzieren und im Übrigen jede Person ihren eigenen Weg verfolgt, dann wird es im Zusammenleben zwischen Mann und Frau zu ungeheuren Konflikten, unerträglichen Zerwürfnissen kommen.

Wenn wir jetzt unsere Beziehung zueinander, sei sie intim oder nicht, untersuchen, beginnen wir zu verstehen und herauszufinden, ob es möglich ist, als zwei Menschen, Mann und Frau, ohne den geringsten Konflikt zusammenzuleben. Sensibel für den anderen Menschen zu sein und in der Beziehung zu ihm nicht die Spur eines Konflikts zu kennen – ist das möglich? Denn unser Leben ist Tag für Tag eine Folge von Konflikten, von endlosen Konflikten, bis wir sterben. Wir haben in unserem Leben keinen einzigen Augenblick ohne Konflikt gekannt. Ist dieser Konflikt in einer Beziehung unvermeidlich? Solange Sie jedoch ein Bild von ihr haben und sie ein Bild von Ihnen hat, muss es zum Konflikt kommen. Richtig? Sie machen sich durch Gewohnheit, durch Streitigkeiten, durch Nörgeleien oder Ermutigungen ein Bild von ihr und sie von Ihnen. Sie bestätigen einander mit Worten, mit Schmeicheleien oder mit Beleidigungen, mit all dem bauen Sie ein Bild von ihr auf, und sie tut das Gleiche. Das tun wir doch, nicht wahr? Ist es nun möglich, mit einem anderen Menschen zu leben und nie ein Bild von ihm zu haben? Bitte lernen Sie etwas darüber! Das heißt, ich habe ein Bild von meiner Frau – ich bin nicht verheiratet, aber angenommen, ich habe ein Bild von meiner Frau. (Gelächter). Warum lachen Sie, wenn ich sage, dass ich nicht verheiratet bin? Warum lachen Sie? Lachen Sie, weil ich darüber glücklich sein sollte? Lachen Sie, weil Ihr Lachen ein Mittel ist, sich der Tatsache zu entziehen? Bitte, wir sprechen über sehr, sehr ernste Dinge, über das Leben, über unser tägliches Leben. Machen Sie es nicht lächerlich. Wir müssen uns diesem schrecklichen Dasein stellen, in dem es kein Glück, keine Liebe gibt.

Verstehen Sie, dem Sprecher ist es ein großes Anliegen, eine Wandlung des menschlichen Geistes herbeizuführen. Er ist besorgt. Er verspürt eine ungeheure Verantwortung, deshalb spricht er darüber. So wie wir jetzt leben – in totalem Egoismus, verhärtet, gleichgültig, brutal, gefühllos – zerstören wir einander. Und wir fragen: Ist es möglich, ohne einen einzigen Konflikt in unserer Beziehung zu leben? Ich sage, der Sprecher sagt, es ist möglich, durchaus möglich. Obwohl der Sprecher nicht verheiratet ist, hat er mit einer großen Anzahl von Menschen zusammengelebt, in ihren Häusern, mit Freunden, ohne sich über irgendjemanden ein Bild zu machen. Wissen Sie, was man dazu braucht? Einen sehr beweglichen Geist, der nicht mit Wissen, mit Erinnerungen, mit Erfahrungen verstopft ist, sondern einen Geist, der sehr beweglich, wach, aufmerksam ist. Wenn Sie aufpassen, was um Sie herum vorgeht, auf der Straße, wenn Sie in einen Bus, in einen Zug oder ein Flugzeug steigen, oder wenn Sie auf der Straße spazieren gehen und beobachten, schauen und sensibel sind für alles, was um Sie herum geschieht, dann werden Sie auch sehr sensibel für Ihre Beziehung. Ist es möglich, ein Leben zu leben, in dem es nicht den geringsten Konflikt gibt?

Verstehen Sie vor allem die Frage, die Schönheit dieser Frage: ein Leben zu führen, nicht idealistisch, nicht als ein Ideal, das Sie erreichen müssen, sondern die Tatsache, ob Sie ein Leben ohne einen einzigen Konflikt leben können? Die Frage selbst ist von großer Schönheit. Sie stellen diese Frage, weil Sie sensibel sind, weil Sie sich des enormen Konflikts zwischen menschlichen Wesen bewusst sind, der in Krieg, in Ehescheidung, in der totalen gegenseitigen Nichtachtung und Verhärtung endet. Aber wenn Sie sich selbst die Frage stellen, ob Sie ein Leben führen können, in dem Kampf und Konflikt ein für allemal aufhören, wenn Sie sich selbst diese Frage allen Ernstes stellen, dann beginnt diese Frage sich zu entfalten. Die Frage selbst wird eine Menge Probleme aufrühren, und diesen Problemen müssen Sie sich stellen. Und wenn Sie sich ihnen stellen, darf es kein Motiv dafür geben, Sie müssen sich nicht darum bemühen, die Probleme zu verstehen. Sie brauchen sie nur zu beobachten.

Haben einige unter Ihnen jemals Museen besucht? Sicher doch! Haben Sie jemals ein Bild betrachtet und dabei nicht ein Bild von Rembrandt mit moderner Kunst verglichen, sondern nur ein Bild betrachtet, ohne es mit anderen Bildern zu vergleichen? Haben Sie das jemals getan, sind Sie nur bei diesem einen Bild geblieben, haben davor gesessen und es betrachtet? Dann wird Ihnen das Bild seine Geschichte erzählen, das, was der Künstler Ihnen damit sagen wollte. Aber wenn Sie sich diesem Bild nähern, indem sie es mit einem Bild von einem anderen Künstler vergleichen, dann sehen Sie es nicht.

Und Sie sind auch die Geschichte der Menschheit. In Ihnen ist der Rest aller menschlichen Bestrebungen, allen menschlichen Leidens, aller Ängste. Sie als menschliches Wesen sind nicht allein, Sie sind wie der Rest der Menschheit: Sie leiden, Sie haben Schmerzen, Sie suchen Sicherheit, sind unsicher, verwirrt, leiden Qualen, und genauso ist der Mensch in Europa oder in Amerika, in Russland oder in China. Es gibt eine Gemeinschaft menschlichen Leidens, der Sie angehören. Sie sind der Rest der Menschheit. Sie *sind* die Menschheit. Sie sind also nicht allein, Sie sind in Ihrem Bewusstsein nicht etwas Abgesondertes, Sie sind der Rest der Menschheit. Sie sind kein Individuum. Sie sind die gesamte Menschheit, denn die Menschheit hat endlose Schmerzen, unermesslichen Kummer durchlitten – nur hier und da gab es ein Aufflackern von Freude und Liebe. Das sind Sie. Und das müssen Sie verstehen. Und die Geschichte der Menschheit sind Sie. Sie müssen lernen, im Buch der Menschheit zu lesen, das Sie selbst sind. Verstehen Sie das alles! Sie sind die Geschichte der Menschheit, und Sie müssen dieses Buch lesen. Entweder Sie lesen es Seite um Seite und erfahren den ganzen Inhalt von Leiden, Schmerz, Freude, Vergnügen, der schrecklichen Ängste und Qualen, oder Sie blättern darin und sagen: „Das weiß ich schon alles." Oder wenn Sie das erste Kapitel lesen, haben Sie bereits das ganze Buch verstanden.

Selbsterkenntnis, sich selbst zu kennen, ist wichtig in einer Beziehung. Wenn Sie sich nicht selbst kennen, wer Sie sind, mit all Ihren Schwierigkeiten, Ängsten, Unsicherheiten, Ihrem Wunsch nach Sicherheit, wenn Sie das alles nicht verstehen, wie können Sie dann Ihre Frau oder Ihren Mann verstehen? Sie werden zwei getrennte Wesen sein. Denn Beziehung bedeutet nicht nur physischen, sexuellen Kontakt, sondern auch kein Bild voneinander zu haben. Dann hat man sofort eine einfühlsame Beziehung, in der Liebe ist. Liebe ist keine Erinnerung. Liebe ist nicht das Bild, welches das Denken sich von einem anderen Menschen macht. Das ist nicht Liebe. Liebe ist nicht Vergnügen. Ich hoffe, Sie verstehen das alles.

Es ist also wichtig, das Wesen und die Struktur der Beziehung zu verstehen. Um diese korrupte Gesellschaft zu verändern, müssen Sie sich selbst von Grund auf ändern. Wir haben nur ein einziges Anliegen: Tief im Geist, tief in den Zellen des Gehirns eine Mutation zu bewirken. Der Sprecher hat mit Wissenschaftlern, mit Gehirnspezialisten über die Frage diskutiert, ob das Gehirn, das durch die Zeit dazu konditioniert wurde, im Bereich des Wissens zu funktionieren, ob dieses Gehirn radikal verändert werden kann; und es kann radikal verändert werden, wenn eine totale Einsicht in das ganze Problem der Menschheit stattfindet. Einsicht ist nicht Erinnerung. Ich werde darauf jetzt nicht eingehen, es ist zu komplex. Bitte verstehen Sie, um was es in unserem Gespräch geht, nämlich um unsere Beziehung zueinander. Wie zwei Freunde, die auf einem schönen Feldweg, mit vielen Bäumen und Vögeln und zahllosen Schatten, spazieren gehen, so erforschen wir die Natur des Gehirns, des Geistes, die Natur unseres Herzens und fragen, ob sich in dieser Struktur eine totale Wandlung vollziehen kann, so dass wir andere Menschen werden mit einem anderen Geist und voller Mitgefühl.

Bitte werden Sie manchmal ernst, nicht nur in diesem Moment, sondern nehmen Sie Ihr ganzes Leben ernst. Wirklich zutiefst ernst zu sein, ist religiös; nicht die Religion, die man im Tempel, in Kirchen sucht, das ist nicht Religion. Der Mensch, der das Leben wirklich ernst nimmt, dieser Mensch ist wahrhaft religiös.

Die Krishnamurti-Stiftung in England

Der „Krishnamurti Foundation Trust Ltd." wurde 1968 von J. Krishnamurti gegründet, um sein Lebenswerk zu bewahren und der Öffentlichkeit zugänglich zu machen. Das Archiv enthält seine Schriften und Briefe sowie alle Reden und Gespräche in stenographischen Mitschriften und auf Tonbändern und Videos. Eine weitere Aufgabe der Stiftung ist es, die internationale Schule und das Studienzentrum in Brockwood zu fördern.

Die Brockwood Park Schule

Es war Krishnamurtis lebenslanges Anliegen, das Bewusstsein des Menschen von Täuschung und Konditionierung zu befreien. Darüber sprach er über 60 Jahre lang zu und mit unzähligen Menschen auf der ganzen Welt. Sein besonderes Interesse galt dabei auch den Kindern und Jugendlichen, die als kommende Generation die menschliche Gesellschaft formen. Deshalb gründete Krishnamurti bereits 1929 seine erste Schule in Indien. Heute gibt es weltweit sieben offizielle Krishnamurti Schulen. Zum einen sollen diese Schulen dem Kind ermöglichen, die notwendigen Fertigkeiten zu erwerben, um später in der modernen Welt klar denkend und effizient tätig sein zu können. Noch wichtiger aber war es für Krishnamurti, in diesen Schulen eine Umgebung zu schaffen, in der der junge Mensch sich als Persönlichkeit voll und frei entfalten kann, sich zugleich als Teil einer Gemeinschaft erfährt und über die Ganzheit des Lebens lernt.

Die Brockwood Park Schule liegt knapp 100 km südwestlich von London in Hampshire, umgeben von der Schönheit einer typisch englischen Parklandschaft. Sie wurde als internationales Internat vor mehr als 30 Jahren von Krishnamurti gegründet und bietet bis zu 60 Schülern im Alter von 14 bis 19 Jahren eine einzigartige Erziehung. Die akademische Ausbildung orientiert sich weitgehend am Lehrplan der englischen Oberstufe. Daneben aber lernt man hier auch außerhalb der Unterrichtsstunden auf intensive Weise über sich selbst und andere, über Freiheit und Verantwortung. In der Atmosphäre einer großen internationalen Familie sind die zwanzig Lehrer und Mitarbeiter in diesem Lernprozess eher Partner als Autoritätspersonen, und die Schüler werden in die täglichen Entscheidungen und praktischen Arbeiten mit einbezogen.
Interessierte Schülerinnen und Schüler werden zu einer Probewoche eingeladen, bevor sie das neue Schuljahr Anfang September beginnen. Informationen zu Brockwood Park kann man über die Website www.brockwood.org.uk abrufen oder direkt bei der Schuladministration anfordern. Informationen auf Deutsch sind über das Krishnamurti-Forum Deutschland abrufbar.

Das Studienzentrum

In einem ruhigen Teil der weitläufigen Parkanlage von Brockwood befindet sich das 1985 erbaute „Krishnamurti Centre". Krishnamurti selbst betrachtete es als einen Ort des Rückzugs von den Ablenkungen des Alltags, nur dazu da, sich in seine „Lehre" zu vertiefen, für sich allein oder zusammen mit anderen Interessierten. Das Zentrum hat zwanzig Einzelzimmer für Gäste, die Küche ist vegetarisch. Es gibt eine Bibliothek, die auch Bücher, Hörkassetten und Videos in vielen Übersetzungen enthält, einen Raum der Stille sowie einen großen Aufenthaltsraum. Gelegentlich finden Gruppenveranstaltungen statt. Nähere Informationen über Aufenthaltsmöglichkeiten und Veranstaltungen erhält man direkt vom Krishnamurti Centre.

Die Adressen sind:

Krishnamurti Foundation Trust Ltd
Brockwood Park, Bramdean, Nr Alresford, Hampshire,
SO24 0LQ, England
Telefon: 00 44-19 62-77 15 25; Fax: 00 44-19 62-77 11 59;
E-mail: kft@brockwood.org.uk

Brockwood Park School
Bramdean, Nr Alresford, Hampshire, SO24 0LQ, England
Telefon: 00 44-19 62-77 17 44; Fax: 00 44-19 62-77 18 75;
E-mail: admin@brockwood.org.uk

Krishnamurti Centre
Brockwood Park, Bramdean, Nr Alresford, Hampshire,
SO24 0LQ, England
Telefon: 00 44-19 62-77 17 55; Fax: 00 44-19 62-4 74 11 04;
E-mail: kcentre@brockwood.org.uk

Krishnamurti-Forum Deutschland
c/o Manfred Schneider, Steinweg 8, 64823 Groß-Umstadt
Telefon: 07 00-12 05 18 95; Website: www.jkrishnamurti.de;
E-mail: info@jkrishnamurti.de